净零碳目标下的
乡村振兴规划与建设
——舟山定海实践

王信 | 伍江 | 施雨　著

中国建筑工业出版社

图书在版编目（CIP）数据

净零碳目标下的乡村振兴规划与建设：舟山定海实践 / 王信，伍江，施雨著. -- 北京：中国建筑工业出版社，2023.10

ISBN 978-7-112-29254-7

Ⅰ.①净… Ⅱ.①王… ②伍… ③施… Ⅲ.①农村—社会主义建设—节能—研究—舟山 Ⅳ.① F327.553

中国国家版本馆 CIP 数据核字 (2023) 第 184206 号

本书针对统筹推进双碳目标和乡村振兴两个国家战略，在梳理净零碳乡村规划建设相关理论的基础上，首先提出了掌握事实（Status）、制定策略（Strategies）、精明行动（Smart Actions）的"3S"系统化实施路径。然后，以舟山市定海区为例，研究乡村经济社会发展情况及其碳排放特征，制定净零碳目标下乡村振兴指标体系，编制各类型典型乡村"一村一策"的规划设计方案。最后，从乡村能源与资源高效利用、低碳产业发展、低碳生活方式和低碳乡村治理四个方面，总结 30 个定海净零碳乡村振兴实践案例。

本书理论联系实际，体系完善，数据详实，案例丰富，分析深入，图文并茂，通俗易懂，适合从事乡村振兴、乡村可持续发展、乡村规划建设等相关工作人士阅读，也可为从事乡村规划设计、低碳乡村建设和管理的研究者提供参考。

责任编辑：段　宁　张伯熙
责任校对：姜小莲
校对整理：李辰馨

净零碳目标下的乡村振兴规划与建设——舟山定海实践
王信　伍江　施雨　著

*
中国建筑工业出版社出版、发行（北京海淀三里河路9号）
各地新华书店、建筑书店经销
北京点击世代文化传媒有限公司制版
建工社（河北）印刷有限公司印刷
*

开本：787毫米×1092毫米　1/16　印张：9　字数：256千字
2024年8月第一版　2024年8月第一次印刷
定价：**120.00**元
ISBN 978-7-112-29254-7
（41965）

版权所有　翻印必究
如有内容及印装质量问题，请联系本社读者服务中心退换
电话：（010）58337283　QQ：2885381756
（地址：北京海淀三里河路9号中国建筑工业出版社604室　邮政编码：100037）

前 言

在联合国《2030年可持续发展议程》和《巴黎气候协定》设定的低碳发展目标下,城市脱碳工作投入大量的资源,并制定了相关政策,低碳转型发展在城市中已经有了很多实践。然而,很多发展中国家仍存在显著的城乡差距,乡村如何在振兴和发展中积极应对气候变化挑战,需要得到更多的关注。

海岛地区的乡村处于应对气候变化的前沿,净零碳发展路径的探索和实践具有代表性和现实意义。相对于大陆地区,海岛的淡水、能源、食品等资源相对短缺,经济社会发展主要依靠外界的供给,气候变化更易对供水安全、粮食安全、旅游业、当地经济和人类健康产生影响。同时,海岛开发和利用可再生能源的潜力较大,保护生态环境、发展旅游业的意愿强烈,有利于推进绿色低碳的发展模式。

在上海市科委的支持下,2019年同济大学和联合国人居署共同出版了《净零碳乡村规划指南——以中国长三角地区为例》英文研究报告,在国内外引起广泛关注,这是本书主要的理论基础。2020年受舟山市定海区政府邀请,研究团队以舟山市定海区乡村为例,开展进一步的研究和落地实践。本书是团队梳理和总结近4年来研究成果及实践经验的集中展现。

本书第1章简短介绍了净零碳建设与乡村振兴的背景和相关规划理论。第2章探讨了乡村碳排放清单编制一般方法和数据来源,制定净零碳乡村规划设计方案的框架和低碳技术选型原则,以及实施保障机制。第3~5章把定海区推进净零碳目标下的乡村振兴总结为"3S"路径。

掌握事实(Status)

了解乡村现状和碳排放的基本情况,是因地制宜制定净零碳建设和乡村振兴策略的基础。根据乡村产业发展的趋势和人口变化特征,定海区将全区79个乡村分为综合发展型、生态农业型、特色保护型以及生活服务型四类。同时参照国内外相关标准,考虑乡村数据的可得性,建立了乡村碳排放的统计核算方法。定海乡村的碳排放特征如下:

1)2020年,定海区全区乡村温室气体净排放量为61.49万 tCO_2e。其中温室气体排放量为69.03万 tCO_2e,能源消费(主要为电力、液化石油气、汽油和柴油)占总排放的93.25%,碳汇量为7.54万 tCO_2e。

2)通过对比分析,21个典型乡村人均碳排放量为2.53tCO_2e/人,同地区城市人均碳排放量约为8.63tCO_2e/人,乡村碳排放强度显著低于城市水平。并且,碳排放强度与乡村产业类型以及公共服务等级密切相关,由于工业、农业产业能耗较高,综合发展型为0.92~5.31tCO_2e/人、生态农业型为0.92~6.94tCO_2e/人,碳排放强度较大。特色保护型为0.90~3.80tCO_2e/人、生活服务型为0.83~1.35tCO_2e/人,当前人均碳排放强度较小,但随着乡村旅游业的发展和生活水平提升,有增加的趋势。

3)对比典型乡村的碳排放来源,工业、农业生产占综合发展型乡村排放总量的12%~84%、占生态农业型乡村的38%~85%,主要来自生产中电力、柴油、汽油等能源消耗以及农业过程。调整产业结构、推动生产设备电动化和能源清洁化，将有助于降低排放。居民生活和公共设施占特色保护型乡村排放总量的 14%～90%、占生活服务型乡村的 54%～94%，包含烹饪食物使用的液化石油气、交通出行的汽油消费以及公共设施的电力使用。推动生活、交通设施的电动化以及公共设施共享可降低碳排放量。

➔ 制定策略（Strategies）

第 4 章上半部分针对定海区全区乡村制定总体策略。基于 79 个乡村的当地特色以及发展需求，分别从乡村能源与资源高效利用、乡村低碳产业发展、乡村低碳生活方式以及低碳乡村治理机制四个方面制定净零碳目标下的乡村振兴策略，并提出 10 类共 46 个发展指标。

1）乡村能源与资源高效利用。定海乡村的能源仍以燃煤发电为主，用能需求多元化且布局分散，风电、光电、生物质能资源等具有较大的开发利用潜力。用水供应依赖大陆地区，废弃物处理在运输过程中消耗大量的能源，因此针对可再生能源、水循环、垃圾处理三个方面提出了 14 个指标。

2）乡村低碳产业发展。在净零碳目标下，乡村产业转型需要平衡经济发展和降低碳排放的需求。在定海的农业中，种植业和水产养殖的单位 GDP 碳排放量较低，总体生产规模较大。畜禽养殖规模不大，但是碳排放强度较高。而乡村旅游业整体呈发展趋势，将带来碳排放增加的压力。为此，针对农业生产和文旅产业发展两个方面提出了 12 个指标。

3）乡村低碳生活方式。定海乡村生活水平还有改善空间，仍存在生活服务设施不足、出行不便的问题，尤其是偏远、离岛类乡村。此外，乡村新建住宅在建造阶段碳排放量较高，而老旧的居住建筑节能保温性能不足，在运行阶段碳排放量较高。为此，针对土地利用和交通、建筑运行以及建筑材料三个方面提出了 13 个指标。

4）低碳乡村治理机制。定海已为 21 个乡村编制碳排放清单，占全区乡村数量的 25%。邀请联合国人居署和同济大学团队为净零碳目标下的乡村振兴提供国际先进经验、技术，制定低碳发展策略。定海未来需要建立常态化治理模式，在乡村生产、生活、生态的各个层面进行引导。为此，在教育普及和排放清单管理两个方面提出了 7 个发展指标。

第四章下半部分讨论了定海净零碳乡村规划技术库的构建和技术选型过程，以及典型乡村的现状发展情况和"一村一策"的规划设计方案案例，具体包括：新螺头村（特色保护型—综合发展型）、新建村（特色保护型）、后岸村（生态农业—特色保护型）、皋泄村（生活服务型）。

➔ 精明行动（Smart Actions）

在以上策略的引导下，定海区政府相关部门和乡村基层互相配合，推进净零碳乡村的建设，各类企业、专业组织和个人也积极在乡村活动中践行绿色低碳理念。本书第 5 章从乡村能源与资源高效利用、乡村低碳产业发展、乡村低碳生活方式和低碳乡村治理机制四个方面共选择了 30 个具有代表性的实践案例进行分析总结。

1）循环利用可再生能源和资源。借助海岛乡村较好的风力、太阳能资源，定海新建村设置了风光储一体化的智能微网系统（案例 1-1）；小沙街道农贸市场利用太阳能光伏供能（案例 1-2）；马目村、长白岛建设有风力发电设备（案例 1-3）；在水循环方面，马岙村在日常生活中通过溪坑水循环系统收集、利用雨水（案例 1-4）；结合光伏顶棚供能实现公共厕所的水循环利用（案例 1-5）；朔源蔬菜专业合作社在农场周围挖设一圈沟渠，收集雨水用于农业灌溉（案例 1-6）；在固体废弃物资源化方面，定海全区乡村开展了农药瓶、农膜回收处理工作（案例1-7）；华晟牧场将生猪养殖产生的粪便发酵回收制作农业有机肥，充分利用发酵产生的沼气和屋顶光伏供能，实现生产电力清洁化（案例1-8）。

2）发展乡村低碳产业。为推进农业产业低碳转型，怡然农场通过新能源使用、有机肥堆肥、生活污水回田灌溉、保温性能提升、数字化平台等项目，打造零碳农场（案例2-1）；旭旺水产养殖场从事具有海岛特色的南美白对虾养殖产业，通过生产管理技术降低用水、用能，减少碳排放（案例2-2）；定海区农业农村局打造本地农产品品牌"定海山"，并且搭建了农业碳排放管理平台（案例2-3）；为促进第一、二、三产业融合，提高村民收入和就业，新建村结合当地渔民文化，组织村民开展渔民画等手工业（案例2-4）；马岙村的新青农果蔬专业合作社在种植业基础上，为当地的中小学生、企业开展农业教育培训（案例2-5）；为推动低碳的乡村休闲旅游产业，新建村在旅游设施开发中保护了林地碳汇（案例2-6）；秘境民宿团队用可持续、低影响开发的模式，在无人海岛上发展户外露营产业（案例2-7）；定海区的旅游开发公司通过打通乡村之间的徒步登山路线，发展低碳的户外徒步运动产业，吸引了大量户外运动爱好者来到乡村游玩（案例2-8）；为了便利游客出行，定海区开设了电动公交旅游专线（案例2-9）。

3）鼓励乡村低碳生活方式。定海区政府鼓励乡村制定低碳规划，黄沙岙制定了以净零碳为目标的乡村振兴规划，包含空间布局和设施利用优化、净零碳建筑设计以及低碳旅游活动策划等（案例3-1）；新建村优化村庄布局，使得村民、游客可以步行到达各类服务设施（案例3-2）；黄沙岙的民宿旅游区设计了可光伏充电的游客中转停车场（案例3-3）；马岙村也为居民建设集中停车场，优化村内无车步行环境（案例3-4）；为降低建筑全生命周期碳排放，定海区乡村充分利用闲置建筑，如旅游开发公司将废弃兵营改造为民宿（案例3-5）；秘境民宿团队将无人居住的民居改造为民宿（案例3-6）；大乐之野民宿管理公司对民宿建筑开展能源优化管理（案例3-7）。

4）提升低碳乡村治理能力。定海区秉持多方合作，多元参与的理念，邀请第三方机构提供专业意见（案例4-1）；邀请企业共同举办"净零碳"主题的美丽乡村周活动（案例4-2）；以无包装商店向游客、居民传递可持续消费理念（案例4-3）；当地的金融机构也为乡村提供"净零碳乡村贷"绿色金融服务（案例4-4）；为开展低碳教育，新建村为游客、村民提供了可免费参观的净零碳乡村实践展厅（案例4-5）；各级政府定期组织工作人员进行低碳学习和培训（案例4-6），让管理人员根植低碳发展理念。

定海区在净零碳目标下的乡村振兴策略和实践，体现了其作为长三角地区的海岛乡村在全球气候变化背景下做出的积极响应。2021年11月，定海区新建村等8个乡村被列为省级净零碳示范乡村，占舟山市获批总量的80%，并得到省相关专业部门的进一步支持和指导。2023年，定海区农业局和同济大学共同起草完成了舟山市地方标准《净零碳乡村建设规范》。定海区净零碳目标下的乡村振兴采用"3S"系统化推进方法，并鼓励政府、企业、专业组织和个人多方合作，为实现可持续发展目标奠定了扎实的基础。

定海区的积极行动已经开创了令人期待的发展前景，其发展思路和实践案例也为处于应对气候变化前沿的广大海岛乡村和地区提供了可借鉴的经验。然而，净零碳乡村振兴之路不会是一帆风顺的，当前低碳解决方案在舟山较为偏僻的海岛露营和旅游发展、乡村出行服务、生态农业及低碳教育等方面具有经济竞争力，并且更多时候在权衡经济、环境、社会多方面的长期效用中才体现出优势，因此对净零碳乡村振兴需要保持耐心和韧性。

本书在编写过程中得到于涵、李铮伟、郭茹、王海峰、王洪涛、郭天鹏、曹晓静、干满水、张沂頔、陈迅、徐超、朱紫墨、王梓笛、田博文、贾倩、马慧、陈烨、刘婧枢、俞诗颖等的帮助，他们在理论构建、资料收集和图表设计中提供了宝贵的支持和建议。

本书是国家社科基金一般项目"双碳"目标下"景—村"互补性资源共享推动乡村振兴策略研究（立项编号22BGL230）的阶段性成果。

定海区鸟瞰图 © 定海区政府

目 录

第 1 章 研究背景：净零碳建设与乡村振兴 ·············· 1
    1.1 可持续发展视角下的城乡关系 ·············· 2
    1.2 净零碳建设和乡村振兴的关系 ·············· 3
    1.3 长三角地区净零碳乡村规划相关理论 ·············· 4

第 2 章 实践路径：定海区推进净零碳目标下乡村振兴的思路与方法 ·············· 5
    2.1 定海区推进净零碳乡村建设的意义 ·············· 6
    2.2 定海区推进净零碳目标下乡村振兴的"3S"路径 ·············· 7
    2.3 乡村碳排放清单的编制方法 ·············· 8
    2.4 制定净零碳目标下的乡村振兴策略 ·············· 11
    2.5 净零碳目标下乡村振兴实施机制 ·············· 15

第 3 章 掌握事实：编制乡村碳排放清单 ·············· 17
    3.1 定海区乡村的基本情况 ·············· 18
    3.2 定海区乡村碳排放特征 ·············· 20

第 4 章 制定策略：净零碳目标下的乡村振兴规划 ·············· 27
    4.1 促进乡村能源与资源高效利用 ·············· 28
    4.2 推动乡村低碳产业发展 ·············· 30
    4.3 鼓励乡村低碳生活方式 ·············· 33
    4.4 完善低碳乡村治理机制 ·············· 39
    4.5 建立净零碳目标下的乡村振兴指标体系 ·············· 40
    4.6 制定不同类型乡村的净零碳规划设计方案 ·············· 42

第 5 章 精明行动：净零碳目标下的乡村振兴实践案例 ·············· 71
    5.1 定海区净零碳目标下乡村振兴案例汇总 ·············· 72
    5.2 乡村低碳能源与资源使用案例 ·············· 73
    5.3 乡村低碳产业发展案例 ·············· 89
    5.4 乡村低碳生活案例 ·············· 105
    5.5 低碳乡村治理案例 ·············· 118

第 6 章 经验总结：如何借鉴定海实践 ·············· 127

参考文献 ·············· 131
致谢 ·············· 135

第 1 章
研究背景：
净零碳建设与乡村振兴

1.1 可持续发展视角下的城乡关系

尽管全球城市化进程不断推进,但截至2020年,仍有44.7%的人口居住在乡村(图1-1-1)。城市与乡村的发展差距,尤其是发展中国家巨大的城乡差距,不仅体现在经济发展方面,更体现在社会和环境方面。在提倡碳减排和绿色GDP的今天,城市的经济增长和脱碳工作仍然吸引了大量的资源和政策导向,乡村实现可持续发展,应对气候变化挑战的潜力未得到足够的重视。

实际上,众多全球发展规划和议程都强调了乡村以及城乡和谐发展的重要性。《2030年可持续发展议程》于2015年在第七十届联合国大会上通过,并于2016年1月1日正式启动。该议程呼吁各国采取行动,为今后15年实现17项可持续发展目标(Sustainable Development Goals,简称SDGs)而努力。《2030年可持续发展议程》阐述了可持续发展是人类与地球建立和谐共处的和平伙伴关系并繁荣发展的进程,而不是由孤立的行为推动,其中第11项目标提出"建设包容、安全、有抵御灾害能力和可持续的城市和人类住区",并在其子目标中具体强调:"要加强国家和区域发展规划,支持城市、城郊和农村地区之间积极的经济、社会和环境联系"[1](图1-1-2)。

关于城乡关系可持续发展的有关规划在联合国人居署的《新城市议程》(New Urban Agenda,简称NUA)中得到了很好的反映。该议程将可持续发展目标(SDGs)转化为人类住区、城市规划等许多层次和规模领域的实践,包括城市周边和城市或农村住区的规划。[2]

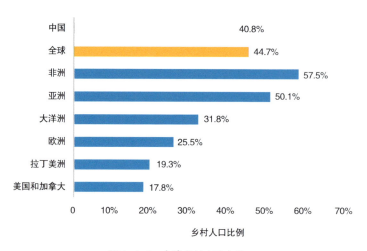

图 1-1-1 全球乡村人口占比
来源:World Urbanization Prospects:The 2018 Revision(联合国)

进入实现《2030年可持续发展议程》目标的最后十年,各国纷纷做出碳中和承诺,并加快应对气候变化、推进低碳发展的政策实施。2021年11月,第26届联合国气候变化大会首次将化石燃料问题纳入会议决议,要求逐步减少燃煤发电和化石燃料低效补贴。中美峰会上也发表联合声明,表示将促进气候合作、减少甲烷排放、停止森林砍伐和逐步停售燃油新车。全球可持续发展和应对气候变化危机的努力,为乡村发展带来了新的机遇和挑战。

图 1-1-2 城乡关系有机发展相关的可持续发展目标

图 1-1-3 净零碳乡村与乡村振兴的关系梳理

1.2 净零碳建设和乡村振兴的关系

根据联合国气候行动官网[3]定义，"净零"意味着将温室气体排放量尽可能减少到接近零，任何剩余的排放量都能从大气中被重新吸收，例如被海洋和森林重新吸收。

根据国际公认的标准 PAS 2060[4]定义，"碳中和"指"在特定时期内，大气中全球温室气体排放量净增长为零的一种状态"，"净零碳"的定义在较大程度上与"碳中和"保持一致。

但是，碳中和仅要求覆盖范围一和范围二的排放，不强制核算范围三的排放，而净零碳核算边界覆盖范围三；此外，净零排放目标要求采取措施移除具体的温室气体，而碳中和允许碳抵消。

在本书中，净零碳乡村指乡村生产生活中产生的碳排放能够被本地生物碳汇等所中和的建制村。低碳乡村，指使用低碳技术，贯彻低碳理念，持续降低碳排放的乡村，是实现乡村净零碳的必经之路。

净零碳乡村的建设和乡村振兴是相辅相成、互相促进的。经济和人口持续衰退的乡村最终会被撤并或者消失，净零碳乡村建设需要为这些乡村寻找新的机遇与活力，而乡村发展和振兴往往会带来碳排放压力，净零碳要求这些乡村探索和建立支撑低碳发展的路径。

在"双碳"目标下，低碳发展在城市层面已经有了较多实践，而乡村的低碳转型却鲜有研究。中国仍有约 40% 的农村常住人口，有必要展开对乡村地区可持续发展路径的研究。通过净零碳建设推动乡村振兴，制定符合乡村丰富自然资源禀赋特征、产业结构特征的发展目标。净零碳乡村的建设是将低碳发展的要求融入乡村振兴的过程中，促进乡村产业结构升级，在乡村创造更多高质量的就业岗位，推动乡村能源结构调整和供能模式升级，打造生态宜居的乡村居住环境，构建乡村低碳治理制度。

党的十九大报告对实施乡村振兴战略提出了"产业兴旺、生态宜居、乡风文明、治理有效、生活富裕"的总要求。深刻反映了新时代农业农村发展的新阶段、农民群众的新期待，是包括产业振兴、人才振兴、文化振兴、生态振兴、组织振兴的全面振兴。[5]

产业兴旺是乡村振兴的重要基础，是解决农村一切问题的前提。净零碳目标要求乡村产业告别传统的发展路径，加快产业结构升级；生态宜居是乡村振兴的内在要求，净零碳目标的实现需要将绿色低碳的理念融入乡村的空间规划、建筑的全生命周期管理当中，推动农村建筑现代化、深度电气化，提升乡村居住条件。同时，通过保育森林增加乡村碳汇，发挥乡村自然生态环境的优势；乡风文明是乡村振兴的紧迫任务，绿色发展的理念更需要深入乡村，培养村民低碳的生活、生产习惯，推动农村生活方式升级；治理有效是乡村振兴的重要保障，净零碳目标的实现需要农村基层党组织的领导作用，需要村民的自治参与，需要第三方专业力量的支持，共同探索乡村治理新机制；生活富裕是乡村振兴的主要目的，也是净零碳乡村建设的目标，绿色低碳相关产业的发展为村民带来更多就业机会和收入，为乡村带来活力（图 1-1-3）。

1.3 长三角地区净零碳乡村规划相关理论

随着我国乡村振兴与城镇化的发展，越来越多的从业者、政策制定者关注到乡村与日俱增的碳排放，相对应的理论和实践研究逐渐增多，可以概括为定性和定量研究两种类型。

其中，定量研究聚焦于如何更准确地计算乡村的碳排放，并可总结为自上而下和自下而上两种不同的数据收集方法。Guo[6]采用自上而下的方式，通过崇明岛年鉴对碳源、碳汇等数据收集及计算，分析了崇明岛 2005—2013 年间的碳平衡趋势，发现崇明岛碳排放主要来源于居民生活、建筑业和工业。此外，随着崇明岛建设生态岛战略的实施，工业、建筑业碳排放逐年下降，但居民生活、第三产业的碳排放逐年增长。

Ge[7]等认为基于 IPCC 温室气体排放清单的碳核算，适用于一个国家或大城市的碳排放管理，不适用于乡村地区。并且，由于未能与中国村级政府管理部门负责的特定活动类型相对应，以至无法应用成为具体的规划措施和政策。因此，采用自下而上发放调查问卷的方式收集数据，分别选取位于山地、丘陵、平原、海岛的 8 个典型乡村，计算分析碳排放特征，并以全国村庄碳排放数据为基准进行了分类和评分，进而提出对应不同类型乡村的减碳意见。

目前已有的定性研究，聚焦低碳乡村规划方法、低碳乡村策略制定、低碳乡村评价指标体系等。邬轶群、王竹、朱晓青等[8]建构了以宅基地、工厂等基本生活、产业单元的碳排放测算模型，并利用地理信息技术进行可视化表达，绘制了长三角地区代表乡村的"碳图谱"，总结其周期性变化规律和结构特征，从而针对性地提供减碳建议。李王鸣[9]以海岛乡村的人居环境特征为基础，总结"功能""规模""选址"等规划要素作为乡村低碳规划的三大重点。通过对东门岛用地碳系数的测算，对三大规划要素做出具体的规划导控策略，从而降低乡村碳排放。

如何分析乡村碳排放特征，进而指导乡村规划和空间设计，是亟待解决的问题。低碳城市规划相对于低碳乡村规划而言，相关研究更多，类似的思路和方法运用得更成熟。Du[10]将城市碳动态排放系统与上海市国民经济和社会发展规划结合，通过建筑、交通和工业部门的能源消耗和碳排放数据预测不同城市规划场景下的碳排放。匡晓明[11]等将城市规划要素纳入碳源、碳汇清单，从规划要素管控的角度控制城市碳排放。

虽然乡村和城市的现状不同，产业结构相异，但低碳乡村规划设计，可以借鉴低碳城市规划思路，将碳排放的定量核算与乡村规划管控要素相结合，从而形成低碳乡村规划设计方法。

2019 年，联合国人居署和同济大学合作对长三角地区的净零碳乡村规划展开研究，并出版了《净零碳乡村规划指南——以中国长三角地区为例》研究报告。[12] 报告分析并界定了净零碳乡村的构成要素，阐述了规划、实施、能源管理和资源节约型城乡地区的发展战略，提出了净零碳乡村规划的十项原则：

原则 1：建立气候与碳排放数据清单
原则 2：将开发建设项目集中在混合用途的节点周边
原则 3：降低建筑供热与制冷的碳排放
原则 4：减少建筑隐含碳排放
原则 5：增加可再生能源的利用
原则 6：完善水循环系统
原则 7：提高固体废弃物的回收利用率
原则 8：加强能源、水、食物和废弃物的循环
原则 9：把乡村打造成促进就业、休闲旅游的目的地
原则 10：使村庄成为可持续发展的教育基地

定海区围绕净零碳乡村规划建设的 10 项原则，根据乡村碳排放特征、经济、社会和自然资源条件，细化制定了 46 个指标要求。把全区的 79 个乡村分成综合发展型、生态农业型、特色保护型以及生活服务型四种类型。针对不同类型的乡村，制定净零碳乡村的规划实施方案，形成示范引领。

第 2 章
实践路径：
定海区推进净零碳目标下乡村振兴的思路与方法

© 定海区政府

2.1 定海区推进净零碳乡村建设的意义

定海区属于海岛地区，相对于内陆，海岛更易受到气候变化的影响，亟须开展应对和减缓气候变化的行动，从而进一步影响更多的内陆地区，起到良好的示范教育作用和带头作用。世界卫生组织发布的《气候变化中的海洋和冰冻圈特别报告》中指出：气候变化导致的海平面上升将会影响海岛的淡水、耕地资源；同时，海水富营养化、海水变暖和酸化，将导致鱼类资源变化和渔业捕捞潜力下降，从而影响依赖海洋资源生存群体的收入与生计；极端气候事件也会对海岛居民生产、生活产生严重影响，使得海岛成为不适宜居住的地方。[13] 总体来说，气候变化将对海岛的供水安全、粮食安全、旅游业、当地经济和人类健康产生众多消极的影响。

同时，海岛存在淡水资源相对短缺，能源依赖性较强等问题，高耗能、高淡水资源消耗的产业不适合在海岛地区发展。但海岛作为开发海洋资源的重要基地，在城乡发展中的重要性日益显现。近年来，海岛乡村快速发展，空间结构、经济结构转变巨大，能源消耗日益增长。在应对气候变化的大时代背景下，向低能耗、低排放、低污染的低碳经济转型已成为以海洋经济为主导的海岛地区经济发展的大趋势。因此，厘清海岛地区的碳排放特征，识别影响碳排放的主要因素，对制定碳减排规划及政策，帮助海岛地区探索低碳发展路径和应对气候变化风险具有重要指导意义。

舟山市定海区在推动乡村振兴的过程中，农业、渔业养殖加工业、乡村旅游业等乡村产业的发展，乡村基础设施的建设以及村民生活水平的提升，将带来能耗和资源的消耗增加，乡村将面临碳排放增加的压力。但定海区率先探索乡村碳中和路径，借助专业化的力量，提出气候变化的缓解与适应措施，对乡村的低碳发展战略进行了科学、系统的规划，帮助乡村寻找符合自身特征的绿色、可持续发展道路。搜集定海区乡村低碳发展的实践，分析经验和教训，推广好的做法和案例，将为国际上其他海岛乡村和地区提供具有示范意义的中国方案。

2.2　定海区推进净零碳目标下乡村振兴的"3S"路径

定海区推进净零碳乡村的"3S"路径可以总结为三个步骤（图2-2-1）：

Status 掌握事实 → Strategies 制定策略 → Smart Actions 精明行动

图2-2-1　定海净零碳目标下乡村振兴的"3S"路径

Status：掌握事实

了解乡村的基本情况，是因地制宜推动乡村振兴的基础。掌握的事实包含了乡村经济、社会、环境的基础信息，乡村碳排放、碳汇的主要来源，以及乡村发展过程中的减碳潜力。该内容将在本书第3章中详细描述。

Strategies：制定策略

制定的策略既要推动乡村振兴，又要体现净零碳的要求。定海区邀请专业第三方机构同济大学，利用PSR模型，结合联合国人居署专家撰写的《净零碳乡村规划指南——以中国长三角地区为例》[12]中提出的10条原则，针对当地特色以及发展需求，分别从低碳能源与资源高效利用策略、低碳产业发展、低碳生活方式以及低碳乡村治理机制四个方面为定海区低碳乡村振兴提出目标。该内容将在本书第4章中介绍。

Smart Actions：精明行动

在已有策略的指导下，定海区政府各部门和乡村基层互相配合推进净零碳乡村的建设，各类企业、专业组织和个人也积极参与，在乡村经营中融入了绿色低碳的理念。本书根据定海区提出的实施策略，相应地将搜集到的低碳发展优秀案例分为四类，将在第5章中具体描述。

2.3 乡村碳排放清单的编制方法

2.3.1 统计核算参考

定海区分析全区乡村整体的碳排放情况和特点，同时选取精品村、典型村开展温室气体排放清单的编制工作，探索综合发展型、生态农业型、特色保护型、生活服务型四类乡村的碳排放特征。

定海区乡村的温室气体核算方法参照了长三角地区碳排放计算研究[7]、中国的《省级温室气体清单编制指南》[14]、《浙江省温室气体清单编制指南》[15]和《城市温室气体核算国际标准》（Global Protocol for Community-Scale Greenhouse Gas Emission Inventories）[16]。

各类温室气体排放因子参考《浙江省温室气体清单编制指南》、中国的《省级温室气体编制指南》、世界资源研究所（World Resources Institute）的《城市温室气体核算工具2.0》[17]。

2.3.2 统计核算范围

根据GPC，碳排放源按照直接排放和间接排放，可分为"范围一""范围二"和"范围三"（图2-3-1）：

- **"范围一"排放**：指在乡村地理边界内发生的直接温室气体排放，例如村民生活中燃烧天然气、燃油等造成的排放、农业活动产生的排放、林地净碳吸收量。
- **"范围二"排放**：指乡村地理边界内活动消耗的外购电力造成的间接温室气体排放。
- **"范围三"排放**：指除"范围二"以外的所有其他间接温室气体排放，分为上游"范围三"排放和下游"范围三"排放，前者包括原材料生产、跨边界交通以及购买产品和服务产生的排放，后者除跨边界交通的排放外，还包括废弃物处理、产品使用等产生的排放。

考虑到乡村出行距离较短，核算中将燃油交通工具产生的温室气体排放纳入"范围一"，电动交通工具产生的温室气体排放纳入"范围二"。考虑乡村数据获取情况，本书中"范围三"排放仅考虑垃圾处理排放。

因此，本书核算的乡村碳源、碳汇主要包括以下四类：

- **能源活动**：包括居民生活、工商业、农业生产和公共服务中涉及的能源消耗；居民生活中家庭用电，电动车充电以及取暖、烹饪、交通出行使用的液化石油气、煤气、天然气；工业生产、商业服务、农业生产中的电力消耗，以及汽油、柴油等的燃料使用；公共服务设施，如路灯、污水处理设施、政府办公、学校、医院等的电力消耗。

  能源消耗主要包括电力和燃料的使用。电力排放属于"范围二"，本地燃料使用属于"范围一"。

- **农业生产过程**：农业生产过程指农业种养生长过程及各类废弃物处理活动所产生的温室气体排放，包括稻田CH_4排放、农田N_2O排放、动物肠道发酵CH_4排放以及动物粪便管理中CH_4和N_2O排放。由于农业生产过程在本地发生，因此产生的排放属于"范围一"。

- **废弃物处理**：由于定海区乡村垃圾统一收集并焚烧处理，不在本地处理，这部分产生的排放属于"范围三"。

- **林业**：只考虑林业活动水平引起的净碳吸收量，不考虑土地利用变化产生的温室气体排放量。这部分属于"范围一"的碳汇。

在定海全区乡村碳排放清单编制过程中，主要依据《2019年定海区统计年鉴》[18]中全区的农村用电量、农用柴油使用量、农产品产量以及农村常住人口计算。

在典型乡村碳排放清单编制过程中，碳排放计算范围为乡村的行政边界，但是扣除了非村庄建设用地上的排放活动。定海区乡村的非村庄建设用地①上的工业园区、码头、仓储等功能，主要服务城市发展。

---

1 根据住建部《村庄规划用地分类指南》，非村庄建设用地包括对外交通设施用地和国有建设用地两类。对外交通设施用地包括村庄对外联系道路、过境公路和铁路等交通设施用地；国有建设用地包括公用设施用地、特殊用地、采矿用地以及边境口岸、风景名胜区和森林公园的管理和服务设施用地等。

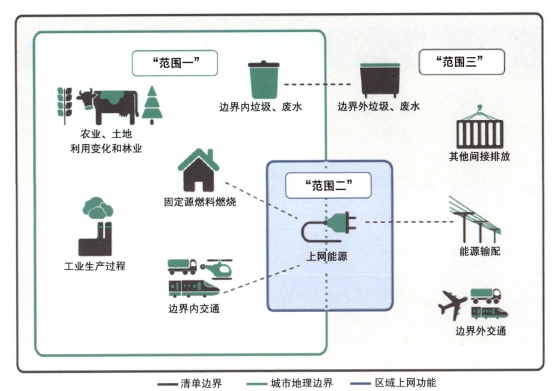

图 2-3-1 温室气体排放源及"范围"示意图
（来源：WRI《城市温室气体核算工具指南 2.0 更新说明》）

综上，本书温室气体清单包括范围一能源活动、农业生产过程、林业碳汇，"范围二"能源活动（电力消费）以及"范围三"垃圾焚烧等方面产生的碳源及碳汇。

2.3.3 数据来源

精品村、典型村碳排放清单的数据主要通过对村民、村委、企业的问卷发放，电力公司调研等渠道获得（图2-3-2~图2-3-4）。全区乡村碳排放清单数据主要来自定海区的统计年鉴以及针对调研乡村收集数据的推算。搜集数据的种类如表 2-3-1 所示。

⊙ **能源活动**：精品村、典型村电力使用数据主要由当地电力公司提供，柴油、汽油、天然气等燃料使用数据主要通过村民问卷、企业问卷获得。全区乡村能源使用数据中电力和柴油使用数据来自《2019年定海区统计年鉴》[18]，其他用能数据通过精品村、典型村收集的数据推算。

⊙ **农业过程**：精品村、典型村各类农作物播种数据和各类牲畜饲养数量由村委会提供。全区农业活动数据来自《定海统计年鉴（2020）》。

⊙ **废弃物处理**：精品村、典型村中生活垃圾处理量主要来源于村民问卷、村委会问卷。危险废弃物处理量来源于企业问卷。全区废弃物处理量根据精品村、典型村收集的数据推算。

⊙ **林业碳汇**：各村林地面积来自乡村统计资料。乔木蓄积量，参考《浙江省森林资源及其生态功能价值公告》中乔木面积占林地71.09%的比例以及天然乔木林单位面积蓄积量80.51m³/hm²进行估算。[19]

碳排放清单对应数据来源

表 2-3-1

活动类型	二级类型	排放类型	范围	精品村、典型村排放清单	全区乡村排放清单
居民生活	居家生活	用电	范围二	电力公司提供	统计年鉴
		用燃料	范围一	村民问卷	精品村、典型村推算
	交通出行	用电	范围二	电力公司提供	统计年鉴
		用燃料	范围一	村民问卷	精品村、典型村推算
农业生产	种植业	用电	范围二	电力公司提供、企业问卷	统计年鉴
		用燃料	范围一	村委问卷	
		农业过程	范围一	村委问卷	
	水产养殖	用电	范围二	电力公司提供、企业问卷	
		用燃料	范围一	村委问卷	
	畜禽养殖	用电	范围二	电力公司提供、企业问卷	
		用燃料	范围一	村委问卷	
		农业过程	范围一	村委问卷	
工商业	食品加工及生产	用电	范围二	电力公司提供、企业问卷	统计年鉴
		用燃料（生产）	范围一	企业问卷	/
		用燃料（交通）	范围一	企业问卷	/
	其他制造业	用电	范围二	电力公司提供、企业问卷	统计年鉴
		用燃料（生产）	范围一	企业问卷	/
		用燃料（交通）	范围一	企业问卷	/
	商业及服务业	用电	范围二	电力公司提供、企业问卷	统计年鉴
公共服务	固体废弃物	生活垃圾	范围三	村民问卷、企业问卷	精品村、典型村推算
		危险废弃物	范围三	企业问卷	/
		污泥	范围三	企业问卷	/
	政府及事业单位	用电	范围二	电力公司提供	统计年鉴
	集体经济	用电	范围二	电力公司提供	
	基础设施服务商	用电	范围二	电力公司提供	
碳汇	活立木蓄积	活立木蓄积	范围一	村委问卷	统计年鉴

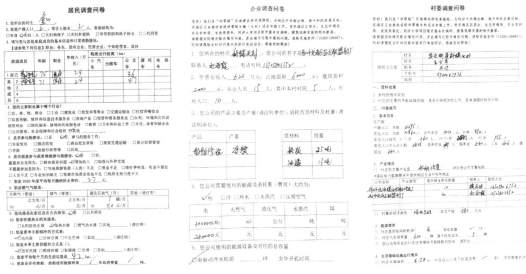

图 2-3-2　村民问卷　　　图 2-3-3　企业问卷　　　图 2-3-4　村委问卷

2.4　制定净零碳目标下的乡村振兴策略

2.4.1　建立目标体系

定海区使用 PSR 模型[①]来分析定海区净零碳乡村振兴策略的制定思路（图 2-4-1）。

净零碳乡村的压力主要源自乡村自身发展以及缓解、适应气候变化等需求。同城市一样，乡村也需要发展经济，提高居民的生活水平，完善基础设施服务水平，解决乡村空心化和老龄化的问题。乡村虽然不是碳减排的主要部门，但乡村主要的产业，如农林牧渔业，受到气候变化的影响较大，需要提出基于现状的减排目标，帮助推进低碳可持续发展。

净零碳乡村的状态主要从社会、经济和环境三个方面分析乡村的发展现状，为定制乡村振兴路径奠定基础。净零碳目标下的乡村振兴不仅要求促进乡村的经济和社会发展，还对乡村碳减排

提出要求，因此除了分析乡村人口结构、产业结构，还需要编制乡村碳排放清单，分析碳排放特征。

对净零碳乡村规划措施的响应，是在了解乡村现状的基础上为乡村制定未来的发展计划。产业定位是设计乡村现有产业低碳化的路径，同时发掘符合乡村特征、提高乡村居民收入且低碳的产业类型，避免走高排放的发展道路。生活方式要在延续乡村本身已有的低碳生活习惯和理念的基础上，将低碳技术运用到乡村生活服务设施，在进一步提高乡村生活品质的同时，尽量减少碳排放。能源资源方面是根据乡村的布局特征和自然环境条件，推广、布局可再生能源体系，建立各类资源的就地回收利用系统。治理机制方面基于乡村风土人情，组建推动乡村低碳发展的人才队伍，明确乡村低碳发展项目的推进机制，推广低碳发展的理念。

---

① PSR 模型于 20 世纪 70 年代由 David J. Rapport 和 Tony Friend 提出，后由经济合作与发展组织（OECD）和联合国环境规划署（UNEP）推广发展，因其能够清晰地描绘外界压力、系统状态以及响应决策与行动三者之间的关系。

图 2-4-1 净零碳目标下乡村振兴路径分析

2.4.2 制定规划设计方案

净零碳乡村的规划设计，是在对乡村发展情况、碳排放情景、碳减排领域和策略、碳减排项目和技术进行分析的基础上，制定净零碳乡村规划方案的过程（图 2-4-2）。

其中，乡村发展情况分析包括调研乡村经济、社会、环境发展和管理现状，并了解各类乡村中远期规划发展和空间建设目标；碳排放情景分析包括现状碳排放清单的编制和结合未来发展对乡村碳排放的预测；减排领域和策略分析即在碳排放清单的基础上识别主要碳源碳汇，从而结合制定减排的策略和目标。

碳减排策略和目标的实现，需要对应的净零碳规划技术的支撑，而净零碳规划技术包括具体的技术应用和行为引导两部分，结合乡村类型以及成本-效益分析的技术选型方法，选择减碳效率最大化的规划技术。

最后，制定整体的净零碳乡村规划设计方案，选取适当点位运用筛选的净零碳规划技术，制定具体的项目设计方案，促进规划的落地实施。

01 净零碳乡村规划与各类村庄规划的关系

净零碳乡村规划的目的是根据乡村现状和发展情景预测，因地制宜地提出乡村低碳发展和减排策略，促进乡村逐步实现净零碳目标。净零碳乡村规划一般是在各类乡村规划的基础上进行净零碳专项规划，专项规划提出的策略、目标、指标、低碳建设技术、低碳行为引导、低碳示范项目等，需要与各类村庄规划充分协同和融合，保障专项规划的内容能够有效落实（表 2-4-1）。

村庄规划作为国土空间规划体系[1]下乡村地

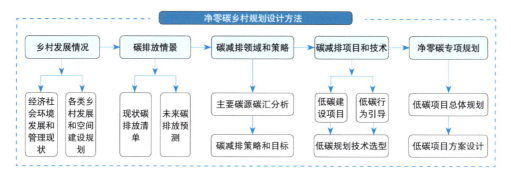

图 2-4-2 制定净零碳乡村规划设计方案的流程图

---

1 2019 年 5 月，中共中央、国务院提出将主体功能区规划、土地利用规划、城乡规划等空间规划融合为统一国土空间规划。对应我国的行政管理体系，形成以国家级、省级、市级、县级、乡镇级五级，以总体规划、详细规划、专项规划构建的三类空间规划体系。

净零碳乡村规划原则与村庄规划主要内容的结合　　　　表 2-4-1

村庄规划类型	主要任务		具体要求	结合规划原则的净零碳乡村规划路径	
村庄管控规划	村庄规划发展定位与规划目标	发展定位	根据上位规划定位，制定中长期发展远景	原则9：把乡村打造成促进就业、休闲旅游目的地	明确结合净零碳目标的发展定位
		规划指标	约束性指标，落实上级确定的指标分解要求，预期性指标统筹确定	原则1：建立气候与碳排放数据清单	收集气候数据，制定碳排放核算清单
	国土空间布局及用途管制	用地布局	不改变上级国空指标的前提下，优化调整村域用地布局	原则2：将开发建设项目集中在混合用途的节点周边	通过对区域碳排放的核算，为上级指标提供技术支撑；强调对林地资源与农业用地等的保护
		用途管控规则	落实上级规划要求，制定相应的用途管控规则		
	国土空间综合整治与生态修复	国土空间综合整治	落实上级国土空间综合整治目标和项目安排	原则10：使村庄成为可持续发展教育基地	
		统筹生态保护修复	结合乡镇国土空间规划等生态保护相关项目		
	村庄安全和防灾减灾		落实上级规划和防灾减灾工作要求		
村庄振兴规划	产业空间引导		结合县、乡镇发展规划以及村庄资源特色；依据上级规划确定的工业用地布局	原则5：增加可再生能源的利用	加大产业发展布局中清洁能源的使用
	农村居民点布局		按照上位规划明确的居民点布局，建设用地管控和户均宅基地标准，合理确定宅基规模和建设范围	原则3：降低建筑供热与制冷的碳排放 原则4：减少建筑隐含碳排放	响应气候的住区、建筑设计导则
	历史文化保护和特色风貌引导	历史文化保护	落实并划定保护控制线，提出整体保护措施	原则10：使村庄成为可持续发展教育基地	将净零碳科普教育纳入旅游活动并提供更多的就业机会
		特色风貌	充分挖掘地域文化，提出保护方式和要求		
	基础设施和公共服务设施规划	道路交通服务设施	落实县域、镇域道路交通及服务设施布局安排	原则5：增加可再生能源的利用	推广使用新能源汽车
		公共服务设施	在落实上位规划统筹安排的公服设施基础上，完善公共服务设施配置	原则2：将开发建设项目集中在混合用途的节点周边	混合的土地利用方式；打造步行、骑行生活圈
		基础设施	落实上位规划的基础上，在县、乡镇域范围内统筹基础设施布局	原则5：增加可再生能源的利用	应用适宜的清洁能源
				原则6：完善水循环系统	设置雨水处理、分散式废水管理等设施
				原则7：提高固体废弃物处理和回收利用率 原则8：加强城乡之间能源、水、食物和废物的循环	选取节点设置固体废弃物处理设备
	农村人居环境整治		结合村庄人居环境现状基础和村庄分类，制定村庄人居环境整治规划方案	原则10：使村庄成为可持续发展教育基地	合理开发利用山林资源
村庄专项设计	近期实施项目		按照上级规划确定的目标要求，进一步落实相关工程项目的具体规模和边界	/	针对乡村现状，制定净零碳导向下的行动方案

区的详细规划，遵循着县、乡镇级总体规划、专项规划要求等自上而下、从宏观到微观的纵向传导。[20]从乡村规划编制的目标出发，乡村规划体系包括以资源管控为目标的村庄管控规划、以乡村发展为目标的实用性村庄振兴规划，以及以工程建设为目标的村庄专项设计。[21]

村庄管控规划是乡村地区开展国土空间开发保护活动、实施国土空间用途管制、核发乡村建设项目规划许可、进行各项建设等的法定依据，在微观层面统筹解决对村庄空间要素的管控，包括总体空间布局、建设用地总量约束、控制线划定等，为下一阶段的乡村振兴行动与项目建设框定基础规则。净零碳乡村规划提出的目标和指标，可以作为村庄管控规划的附加指标和管控要求，比如建立乡村碳排放清单并定期更新的要求、对乡村林地碳汇能力的指标和管理要求，乡村居民和游客公共服务设施围绕交通节点相对集中布局的要求，提供绿色低碳发展宣传教育、支持地方手工业发展的空间保障要求等。

实用性村庄振兴规划是解决地方发展议题、面向操作实施与落实资金项目的行动性规划，也是乡村振兴工作的整合平台。村庄振兴规划统筹村庄管控规划之外的内容，包括村庄发展战略、产业发展策略、空间设想、行动计划与组织建设及机制体制创新等。净零碳乡村规划提出的策略和技术路径，需要在村庄产业发展、空间建设和组织体制中得到运用和落实。比如在乡村实施公共服务设施和基础设施体系规划，以及第一、第三产业发展中，落实节能、新能源利用、水资源和固废循环利用的指标和相关技术。

村庄专项设计是以工程项目为依托、针对乡村具体建设行为开展的详细设计的统称，包含以提升空间品质为出发点或服务于特定项目需求的设计类型。前者包括村域尺度的村庄总体设计、景观风貌设计，以及微观尺度的公共空间设计、农房设计、街道设计、环境小品设计等；后者包括土地综合整治设计、环境整治设计、生态修复设计、传统村落保护设计、旅游规划设计等。净零碳乡村规划提出的低碳技术和行为引导，需要在村庄各专项设计中得到运用和落实，建设建筑、交通、环境、农业等净零碳乡村示范项目。

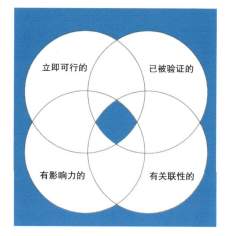

图 2-4-3 零碳城市手册中总结的四条主要选择标准

02 净零碳乡村规划技术选型方法

乡村净零碳技术的选型与应用，首先要建立筛选标准，构建乡村净零碳规划技术库；然后根据乡村的具体需求，通过成本-效益分析，确定不同应用场景下优先的技术选型（在定海乡村的应用详见第4章）。

1. 建立净零碳乡村规划技术的筛选标准。一个方法是参考落基山研究所（Rocky Mountain Institute，简称 RMI）2018年完成的《零碳城市手册》[22]中提出的四条选择标准如下（图2-4-3）：1）立即可行的：能够由乡村工作人员在一年之内启动；2）已被验证的：已在近期得到验证并且经济可行，同时提供了应用在乡村的成功案例；3）有影响力的：这些前沿解决方案能够实现立即见效的显著影响，或实现长期的大规模碳减排；4）有关联性的：在全球多数乡村可行。通过这四条标准筛选的净零碳乡村规划技术包括，建筑、生物资源、交通、能源、产业等方面。另一个方法是参考2023年清华同衡规划设计研究院和能源基金会完成的《面向碳中和的国际低碳技术发展研究报告》[23]，将面向碳中和的技术评估工具的构建维度分为技术的先进性、成熟性、适用性、经济效益、环境效益和社会效益。通过文献调查法、专家法打分法、案例调研等方式完善评估准则、评估细则、评估分值、权重等评估体系，充分利用专家资源，实现对专项技术的精准评估。

2. 净零碳乡村规划技术的边际成本—边际效

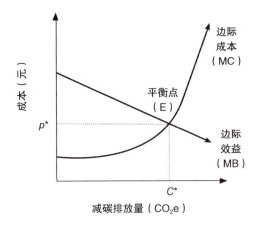

图 2-4-4 净零碳技术的市场价格与相对减碳量图示

益分析。在根据技术筛选标准建立了净零碳乡村规划技术库以后，还需要进一步根据碳减排预算和地方政策要求为近期实施的项目选择技术。利用经济学中的边际成本—边际效益分析，可以有效地选择技术并同时获得在相应预算内的最大减排效用。叶祖达对此进行了论述。[24] 1）一个乡村在减排方面的预算确定的情况下，应优先部署低成本的成熟的减排技术，比如太阳能光热、高性能建筑外围护系统技术、林地抚育等。在低成本技术之后，继续减排就需要用到其他较高成本的技术，比如太阳能光伏、风能、微型水电等，其后成本将迅速增加，比如电池储能、碳捕捉等。2）在当前技术水平和减排政策下，存在一个最优的减排量目标 C^* 和边际成本为 p^*，此时获得了整体上全社会的最大效益，以此可以确定净零碳乡村建设近期目标和相应的技术选择。如图 2-4-4 所示的碳减排边际成本 MC 和边际效益 MB 的关系，边际成本会随着减排量的增加而快速上升，而边际效益则会随着碳排放减量的增加而下降，E 点可以看作近期所采用的净零碳规划技术，达到总体减碳效益和减排成本的平衡点，此时社会总体福利最大化。3）随着减排技术进步和减排政策日趋严格，边际成本曲线将更加平缓，平衡点将向右移动，将来能够利用更多的减排技术、更大的减排量并获得更多的总体福利。

2.5 净零碳目标下乡村振兴实施机制

净零碳目标下的乡村振兴行动不仅是目标指标和规划文本，更是需要各个部门和行业推动实施的具体工作和项目，为确保这些工作和项目的顺利推进，需要建立相关的保障措施。

一是建立相关的体制机制，开展能力建设。净零碳目标下的乡村振兴是一项系统推进的工作，需要落实到能源资源体系、低碳产业布局，乡村规划建设以及乡村治理等方面，涉及农业农村、建设交通、环境保护、发展与改革相关等多个条线部门，同时也需要街镇、村委会、企业、村民等主体具体实施。因此，需要有相关的牵头和推进部门，并建立互相配合、协同的工作机制。净零碳的概念相对比较新，如何既要推动乡村振兴又要实现净零碳的目标，本身也存在一定的难度。各个层级的领导干部需要参加相关的专业培训并获得专业的技术支持，才能尽量避免政策在实施的过程中发生变形的情况。

舟山市定海区在推进全区净零碳乡村建设工作中，形成了主要领导牵头，农业农村局牵头实施，发展和改革局、生态环境局定海分局、自然资源和规划局定海分局等各委办局互相协同的工作机制。在委办局、街镇层面组织政府工作人员培训，邀请科研机构普及"净零碳"的相关知识，通过与同济大学、联合国人居署的合作，使得各项工作的开展更具科学性和国际视野。

二是鼓励分类试点，总结和推广经验。净零碳目标的制定需要考虑乡村不同的本底特征和所处的发展阶段。已有一定发展基础的乡村需要关注减碳的目标，降低单位发展强度的碳排放。部分乡村由于人口流失，森林覆盖率高，可能已达到零碳甚至负碳目标，但这并不是最终目标，这些乡村要利用好净零碳的本底条件进一步推动乡村振兴，并考虑如何降低发展中带来的增量排放。同时，净零碳技术在不同乡村场景下，如种植业、畜牧业、水产养殖业、旅游业，又如居民建筑、公共建筑等，具有不同的适应性，需要充分考虑投入成本效益，分类施策。通过在不同类型乡村以及在不同乡村场景下的先行先试，总结相关经验，建立标准体系，强化净零碳乡村建设的集成效应，加快形成可复制可推广的净零碳乡村建设模式，构建乡村价值重塑和乡村发展的新路径。

为打造多层级低（零）碳发展模式，浙江省生态环境厅制定《浙江省低（零）碳乡镇（街道）、村（社区）试点建设推进方案（2022—2025）》，并每年推动一批省级低（零）碳乡村试点申报。根据试点乡村的经验，编写《浙江省低碳乡村建设蓝皮书》，供不同类型的乡村参考借鉴。舟山市也定期总结工作经验，建立净零碳乡村建设的地方标准《净零碳乡村建设规范》DB 3309/T 94—2023[25]，指导乡村进行碳排放核算，净零碳乡村申报、建设和验收评价。

三是通过政策和资金激励，发挥市场机制。净零碳乡村建设不是一个单独的命题，需要融入乡村本身发展中，但也需要人、财、物的投入。因此，需要健全财政支持政策，整合农业、交通、水利等涉农资金集中统筹乡村建设，在已有的规划、建设计划中提出净零碳的要求，促进乡村基础设施的共享，避免重复投入。因为乡村财政资金投入有限，所以需要充分发挥政府的引导和杠杆作用，支持农业经营主体大胆改革创新，通过政策激励和资金奖补引导符合低碳导向的产业。如在农场改造中提出净零碳的建设要求，并补足相应的建设成本增加费用。又如创新更好的用能政策优惠，进一步降低生产、生活成本，鼓励乡村使用新能源。同时，乡村应充分利用良好的生态优势，通过碳普惠、碳交易等绿色金融机制，撬动金融和社会资本更多投向净零碳乡村建设。

舟山市定海区农业农村局积极推动低碳农业产业发展，结合原有的农场改造需求，为农场的低碳改造，如光伏安装、购置电动化车辆等项目，提供1∶1的资金配套奖励。浙江省其他地区的做法也可借鉴，如衢州以数字化改革为抓手，从小切口中催生大场景，推进农业碳账户的建设；湖州建立了"林地流转—碳汇收储—基地经营—平台交易—收益反哺"全链条绿色金融精准支持体系。其中，"碳汇共富贷"支持村集体按标准经营竹林、生产碳汇，再交易给收储交易平台实现增收，"碳汇收储贷"支持收储交易平台收储竹林碳汇，"碳汇惠企贷"为符合条件的优质绿色项目或企业提供优惠利率资金。

四是进行跟踪评估，适时调整路径。净零碳的建设不管是在乡村还是城市，都处于探索阶段，净零碳乡村方案实施后需要定期复盘，总结成效、经验和问题，进行有针对性的调整。这就要求建立净零碳乡村建设的基层人才队伍，定期开展乡村的碳排放清单的更新工作。引入专业化的团队，定期评估各类项目开展的效果，提出发展路径调整的建议。

浙江省生态环境厅制定在低（零）碳试点建立中，建立省生态环境厅低（零）碳建设专家库，组织专家以线上线下结合的方式开展定点帮扶，重点解决低（零）碳试点建设过程中的技术问题。同时，建立成效评估机制，根据评估等级配套奖惩措施，引导试点地区争优创先，倒逼试点各项目标任务扎实推进。

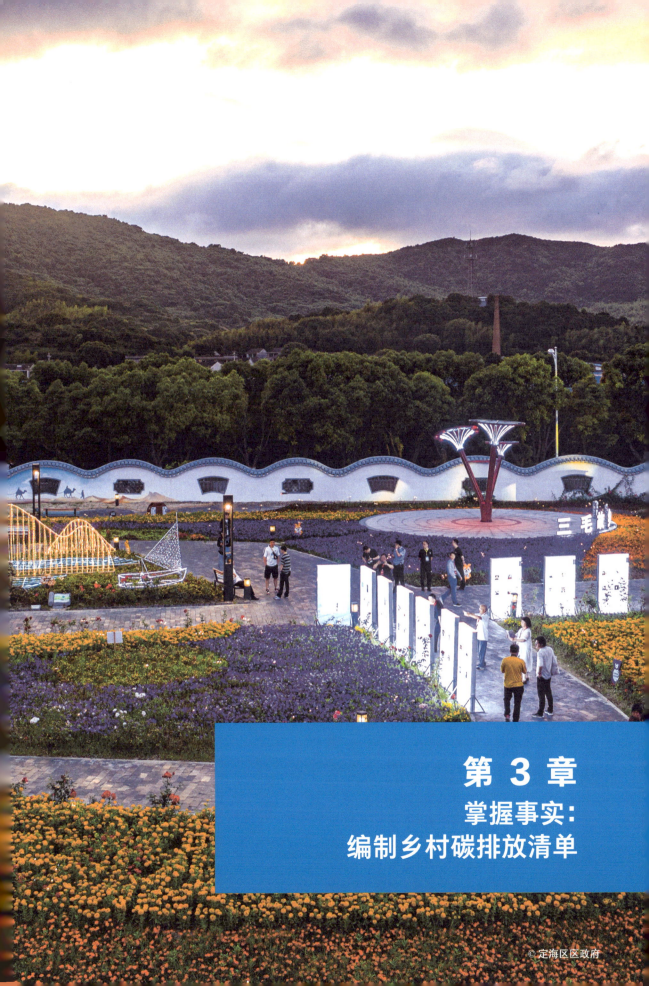

第 3 章
掌握事实：
编制乡村碳排放清单

©定海区区政府

3.1 定海区乡村的基本情况

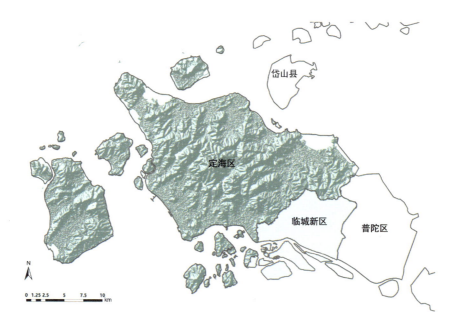

图 3-1-1　定海区区域位置示意图

定海区位于浙江省舟山市（图 3-1-1），定海区总面积 1444km²，其中区域岛屿面积 573.96km²。定海区共有大小岛屿 140 个（不包括舟山本岛定海部分），拥有海岸线约 428km。定海区共有 79 个乡村，分属于 11 个街道管辖，乡村农田面积共 115633.89 亩，山林面积 331251.6 亩，碳汇储备丰富。

乡村居民主要经济收入来源于从事农业、渔业、旅游业、建筑业、制造业，以及外出务工。定海区更多的人选择在城市居住和生活。2019 年，定海区户籍人口总数约为 39.94 万人，农村户籍占比为 39.18%（图 3-1-2）。[26] 同时，根据人口普查数据，2020 年定海区全区常住人口约 50 万人，农村常住人口占比为 24.09%（图 3-1-3）。

根据乡村不同的自然、社会、经济特征，将定海区现有的 79 个乡村分为综合发展型、生态农业型、特色保护型以及生活服务型四种类型（图 3-1-4）。同时，结合中远期不同乡村的发展

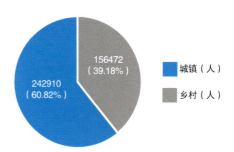

图 3-1-2　定海区乡村与城镇人口占比
（按户籍人口）

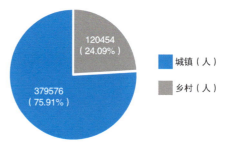

图 3-1-3　定海区乡村与城镇人口占比
（按常住人口）

目标和城乡发展规划[28]，如靠近城市的乡村将进一步城市化，资源丰富的乡村将进一步开发旅游资源，人口较少的乡村未来将被撤并等，对乡村分类进行调整（图3-1-5）。

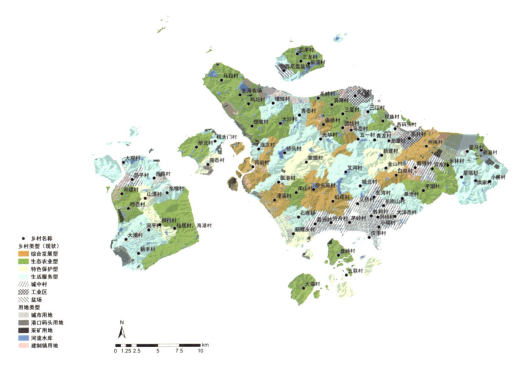

图 3-1-4　定海区乡村分类（现状）示意图

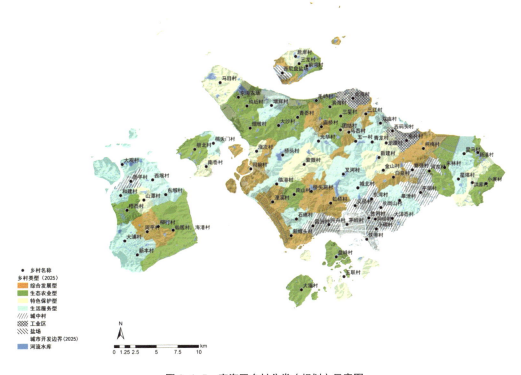

图 3-1-5　定海区乡村分类（规划）示意图

- **综合发展型**：指城市近郊区以及县城城关镇所在地的村庄，配置的基础设施较为齐全，人口集中，交通便利，整体发展水平较高。此类村庄在开展净零碳乡村建设中具有较好的基础，可以作为基于各个方面开展净零碳乡村建设的示范。
- **生态农业型**：此类村庄农业现状发展基础良好，具有较大规模的农业产业，包括农业种植、渔业养殖以及畜禽养殖等。其中，渔业养殖和畜禽养殖能耗相对较高，可以结合新能源以及技术革新等方式探索碳减排的路径。同时，农业可以与教育、旅游等第三产业相结合，增加农民收入，提高地均产值，降低碳排放强度。
- **特色保护型**：这类乡村将依托现状自然景观和历史文化资源，挖掘地方文脉，侧重于发展文化旅游、农（渔）家乐等特色旅游及相关配套服务产业，但目前部分乡村面临人口流失的问题。因此，在净零碳乡村建设中，需要降低土地利用变化对碳汇的影响，尽量减少建筑建设开发以及运行中的碳排放，打造低碳的交通系统。同时，保留并发展具有当地特色的手工业等相对低碳的文化创意产业，增加就业。
- **生活服务型**：此类村庄现阶段仍有大量常住人口居住，以个人形式从事农业等活动，但乡村产业特色不鲜明，主要功能是为村民及其他产业从业人员提供配套服务。未来在净零碳乡村建设中需要围绕低碳生活开展工作，进一步提高居住环境品质，提高服务设施的步行可达性，以及公共交通的便利性。

3.2 定海区乡村碳排放特征

3.2.1 全区乡村碳排放特点分析

估算结果表明，2020 年定海区全区乡村温室气体净排放量为 61.49 万 tCO_2e。[①]其中，温室气体排放量为 69.03 万 tCO_2e，碳汇量为 7.54 万 tCO_2e。排放源中能源活动占比最高，废弃物处理排放占比最低，如表 3-2-1 所示。

定海区乡村温室气体排放清单（包括碳汇）（tCO_2e）　　　　表 3-2-1

	能源活动	农业活动	林业活动	废弃物处理
各部门年总碳排放量	643,705	3,0605	-75,408	16,006
温室气体净排放量	614,908			

图 3-2-1　定海区全区乡村分部门碳排放

1：e（equivalent）表示各类温室气体排放量，按照各自增温潜势，统一折算为 CO_2 当量的计算结果。

3.2.2 四类乡村碳排放特征分析

在建立 21 个乡村碳排放清单的基础上，基于乡村分类（综合发展型、生态农业型、特色保护型、生活服务型），分析各类乡村的碳排放总量、碳排放强度以及碳排放来源（图 3-2-1），为各类乡村制定低碳发展策略提供依据。

01 碳排放总量

从总体碳排放情况的对比来看（图 3-2-2），大部分乡村的碳排放大于碳吸收，其中居住人口较少但具有较大面积的林地的五联村、洪家村、新建村、大猫村、城北村已在核算范围内实现了净排放量为负值。整体来说，综合发展型乡村碳排放总量较高，生活服务型乡村碳排放总量相对较低。

→ 综合发展型乡村碳排放总量相对较高，并且类型丰富。由于本地有大型的乡村企业且为区域行政中心，庙桥村、马岙村的总排放较高，工业排放占比较大。浬溪村同样为区域行政中心，但行政边界范围内的工业企业已经纳入园区管理，因此以提供服务功能为主，公共服务排放占比相对较高，工业排放占比较低。

→ 特色保护型乡村碳排放总量不高。部分乡村基于较好的交通和自然条件，开发了民宿等旅游项目，如新螺头村、新建村。部分乡村居住人口较少，具有较好的自然资源，碳汇总量较高，个别类型乡村已经实现了负碳排放，如五联村、新建村。具有人文特色、历史悠久的乡村，现有的居住人口相对较多，生活服务排放占比较高，如紫微村、金山村、柳行村。

→ 生态农业型乡村碳排放总量的差异性较大。碳排放总量和乡村主要农业类型有较大关系，如烟墩村主要从事畜禽养殖，排放总量最高，东风村有农产品加工企业，后岸村以水产养殖企业为主，排放量相对较高，而大猫村、团结村以种植业为主，排放量最低。

→ 生活服务型乡村碳排放总量不高。碳排放总量和乡村服务人口数有较强的关联，如皋泄村由于人口较多，排放量最高。

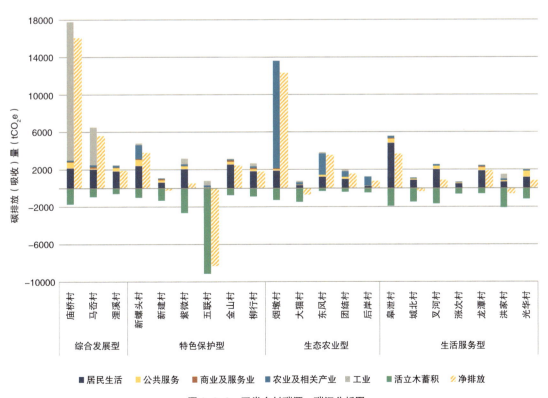

图 3-2-2 四类乡村碳源、碳汇分析图

02 排放强度

排放强度主要以单位常住人口碳排放来表示（图3-2-3）。人均排放（总排放）是单位常住人口的乡村总碳排放。人均排放（居民生活）是单位常住人口的居民生活排放，主要包括居家生活以及交通出行产生碳排放。

从人均排放（总排放）来看，定海区乡村人均碳排放量为 2.53tCO$_2$e/人，大部分乡村的人均碳排放强度显著低于浙江省和舟山市碳排放强度均值。

不同类型人均排放（总排放）差异较大，主要受到乡村主要产业类型，以及乡村公共服务等级等的影响。其中，综合发展型乡村人均排放为 0.92~5.31tCO$_2$e/人、生态农业型乡村为 0.92~6.94tCO$_2$e/人，由于工业、农业产业能耗相对较高、类型多样，因此这两类乡村碳排放强度和差异性较大。特色保护型乡村人均排放为 0.90~3.80tCO$_2$e/人、生活服务型乡村为 0.83~1.35tCO$_2$e/人，当前人均碳排放强度较小，但随着乡村旅游业的发展和生活水平的提升，有增加的可能性。

四种不同类型乡村人均排放（居民生活）并没有很大差异，均低于 2tCO$_2$e/人，总体来说定海区乡村居民生活碳排放水平不高。

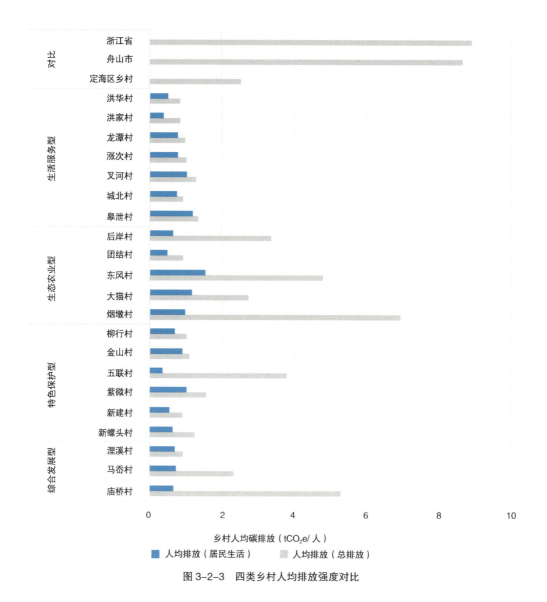

图 3-2-3　四类乡村人均排放强度对比

03 碳排放来源

按照人类活动类型,将碳排放来源分为四类,其中居民生活包含居家生活和交通出行。农业生产包含种植业、水产养殖以及畜禽养殖。工商业包含农产品加工及生产、工业制造以及商业服务业。公共服务包含固体废弃物管理、政府及事业单位、集体经济以及基础服务设施(表3-2-2)。

乡村碳排放来源分类
(按人类活动类型)　　表3-2-2

一级类型	二级类型
居民生活	居家生活
	交通出行
农业生产	种植业
	水产养殖
	畜禽养殖
工商业	农产品加工及生产
	工业制造
	商业及服务业
公共服务	固体废弃物
	政府及事业单位
	集体经济
	基础设施服务

→ 综合发展型是生活和产业中心,乡村工业、生活、农业、公共服务等碳排放活动类型较为丰富,其中马岙村、庙桥村工业制造业排放分别占比62%、83%,涅溪村以居民生活、公共服务排放为主,分别占比74%、14%,在工业企业、农业生产、公共服务、居民生活等方面,均可提出相应的减排措施。

→ 特色保护型乡村除了服务本村村民以外,同时设有面向游客的旅游服务设施,居民生活和公共设施碳排放占乡村排放总量的60%以上,其商业及服务业碳排放的占比高于其他类型的乡村。随着乡村旅游业的发展,需要提出针对低碳旅游的发展建议。

→ 生态农业型乡村的碳排放结构中,农业生产以及农产品加工制造产业排放的占比较高,占排放总量的29%~84%,需要针对不同农业类型提出减排措施。

→ 生活服务型乡村碳排放结构较为相似,主要包括居民生活、公共服务排放,占排放总量的46%~87%,需要针对居民生活以及公共服务设施提出减排策略(图3-2-4)。

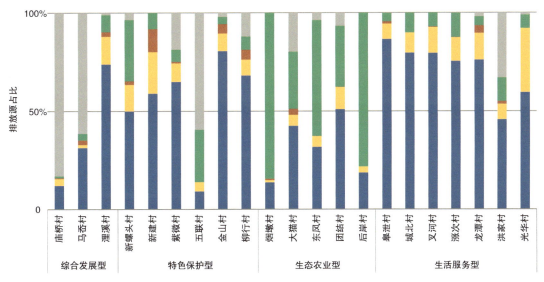

图3-2-4 四类乡村碳排放来源对比
(按人类活动类型)

按照碳排放行为不同，将碳排放来源分为能源使用、农业过程以及废弃物燃烧三类。其中，能源使用包含电力使用和燃料使用；农业过程包含稻田甲烷排放，农用地氧化亚氮排放，以及动物肠道和粪便管理中产生的甲烷和氧化亚氮；废弃物处理包含居民生活垃圾、企业产生的危险废弃物以及生活污水处理产生的污泥等（表3-2-3）。

乡村碳排放来源分类（按排放活动）表3-2-3

一级类型	二级类型
能源使用	电力
	燃料（煤气、液化石油气、天然气、汽油、柴油）
农业过程	稻田
	农用地
	动物肠道
	动物粪便管理
废弃物燃烧	生活垃圾
	危险废弃物
	污泥

从排放行为来看，乡村碳排放主要来自电力消费，尤其是工业、农业产业较为发达的综合发展型、生态农业型乡村。在中国碳中和背景下，未来电力清洁化将会极大地推进乡村的减排进程。此外，推动生产设备电动化也将有助于降低这两类乡村碳排放。

其次来自于液化石油气、汽油等燃料使用。其中，液化石油气主要用于居民生活中的食物烹饪。汽油主要用于乡村村民出行以及企业运输。推进生活、交通设施电动化以及公共设施可达性将有助于降低乡村碳排放。

对于生态农业型乡村而言，农业过程的碳排放取决于农业产业的类型，种植业中的水稻种植以及畜牧业中猪、牛养殖将产生大量的甲烷气体，而甲烷的温室效应是 CO_2 的21倍，因此畜牧业、水稻种植农业过程的碳排放高于蔬菜种植农业过程的排放（图3-2-5）。

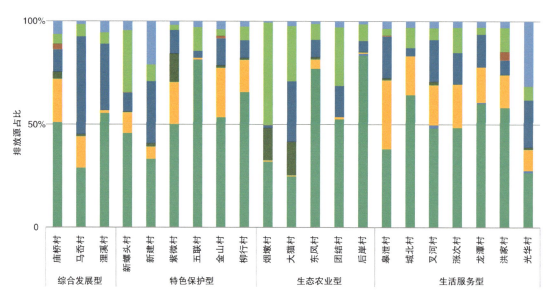

图3-2-5 四类乡村碳排放来源对比
（按排放行为类型）

04 居民生活

居民生活碳排放来源主要包括居家生活和交通出行。居民生活碳排放以居家生活为主，大部分乡村居家生活碳排放的占比在50%～90%之间。生态农业型乡村交通出行占比较少，大多低于20%，综合发展型、生活服务型以及特色保护型乡村居住、旅游人口较多，交通出行活动频繁，相对应的交通出行排放占比较高（图3-2-6）。

05 农业生产

农业生产中，决定其碳排放量的因素主要是农业类型和规模。农业生产中单位面积碳排放强度的排序为：种植业＜水产养殖＜畜禽养殖。大部分的乡村农业以自留地种植业为主，农业生产排放相对较低。生态农业型乡村中，烟墩村有规模化的畜禽养殖企业，农业碳排放总量远超其他乡村。新螺头村、团结村、东风村从事水稻的规模化种植，由于水稻产生大量甲烷气体，在农业生产中碳排放总量相对较高。后岸村、五联村水产养殖产业则由于养殖过程中的能源消耗和水资源消耗，在农业生产中碳排放占比相对较高（图3-2-7）。

图 3-2-6 四类乡村居民生活碳排放来源

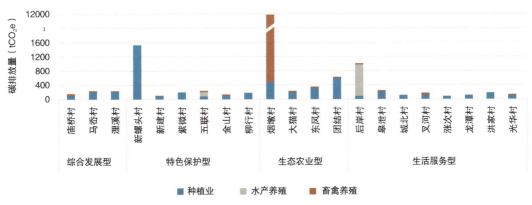

图 3-2-7 四类乡村农业生产碳排放来源

06 乡村产业

乡村产业碳排放反映了典型村第二、第三产业的发展情况，经过对比分析，综合发展型乡村中工业化水平较高，庙桥村、马岙村工业制造业的碳排放也较高，需要推进工业企业的碳减排工作。属于生态农业型的东风村食品加工制造业的碳排放占比相对较高。而特色保护型、生活服务型乡村基本没有大型制造业企业，碳排放以商业及服务业为主（图3-2-8）。

07 公共服务

在公共服务方面的碳排放，主要来源为固体废弃物管理、政府及事业单位、集体经济以及乡村基础设施服务。常住人口以及旅游人口较多的乡村相应的碳排放总量也较高。如新建村每年吸引游客超过40万人次，废弃物排放占比较高。对于服务人口较多的乡村，可要求政府办公、旅游配套服务设施等公共建筑做好节能降耗和新能源利用的示范，同时推动乡村湿垃圾就地处理，鼓励可持续消费行为，推动垃圾源头减量（图3-2-9）。

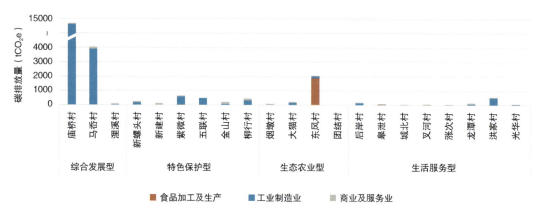

图3-2-8 四类乡村产业碳排放来源

图3-2-9 四类乡村公共服务碳排放来源

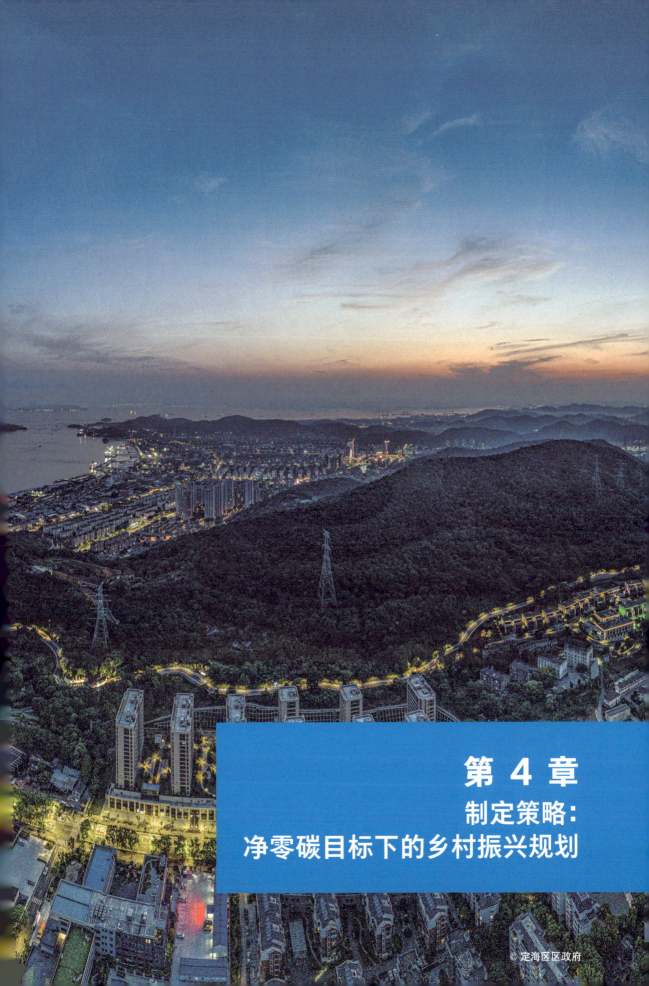

第 4 章
制定策略：
净零碳目标下的乡村振兴规划

4.1 促进乡村能源与资源高效利用

与乡村低碳能源与资源高效利用这一策略相关的净零碳乡村规划原则有：

1）原则五：增加可再生能源的利用；
2）原则六：完善水循环系统；
3）原则七：提高固体废弃物的回收利用率。

在此基础上，对乡村能源与资源体系进行PSR分析，如图4-1-1：

4.1.1 压力

01 能源依赖性高

目前，定海区乡村电力由电网统一供应，对大陆供电的依赖性较强。不同于城市较为集中的能源需求，乡村的居住、生产模式形成了较为分散的用能需求，海岛乡村电力供应的基础设施建设成本相对较高，生产、交通（船运）用能中柴油、汽油等化石能源消费占比较高。为满足未来发展中能源稳定供应的需求，达成低碳发展的目标，定海乡村需要考虑海岛和乡村特征，通过分布式的清洁能源供应系统，提升能源自给水平。

02 对资源高效利用的能力不足

海岛面临着缺水和废弃物处理能力不足的问题。定海区乡村的淡水来源于大陆引水水源地姚江以及乡村水库，其中大陆引水在舟山市原水供给中占比约40%。大陆管道供水工程前期投资较高，供水过程中也消耗大量能源。因此，舟山地区整体用水成本较高，面临着极端气候条件下用水安全的问题，尤其是离岛乡村。

同时，由于特殊的地理位置，定海乡村需要将固体废弃物定期通过陆运、船运的方式运输到位于团鸡山岛的生活垃圾综合处理基地进行处理。废弃物运输便利性相对较低，难以做到门对门，易受到台风等极端天气的影响，且运输交通工具的化石能源消耗量以及电动化难度较高。此时，乡村废弃物减量化工作显得十分重要，然而在调研中，我们也发现定海区乡村的农业生产也面临着秸秆等有机废弃物再利用的难题，亟须得到专业指导和技术支持。

图4-1-1 乡村能源与资源高效利用的PSR分析

4.1.2 现状

01 可再生能源现状

目前，定海区农村地区的电力供应方式仍以燃煤发电为主。如图4-1-2所示，2019年，定海农村地区供电量总计97346.00万kW·h，其中燃煤发电86240.44万kW·h，占比88.59%，风力发电和垃圾焚烧发电供电量分别占比6.69%和4.72%。

定海区在风电、光电、生物质能资源的储备上均属于较丰富地区。在风能方面，具有较大的开发利用潜力,定海区风速在6.89~7.67m/s之间，属于风能资源丰富区。在太阳能资源方面，全年水平面总辐射量介于1680~1724kW·h/m²之间，根据太阳能评估相关规范，属于Ⅱ类太阳能资源区域，丰富程度等级为资源"很丰富带"。同时，定海区农业种植业以及林业，每年也产生大量的生物质能源。根据中国能源统计年鉴中各种生物质能源的理论蕴藏量，可以得出定海区每年各种生物质资源总量（折算为标准煤），如表4-1-1所示。

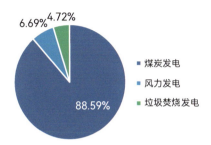

图4-1-2 定海农村地区电力供应结构

定海区农林业剩余物折标准煤预测 表4-1-1

种类	折标准煤（×10^4tce/年）
玉米秸秆	243
小麦秸秆	10
稻秆	777
大豆秆	612
果树剪枝	1134

02 水资源现状

定海区人均水资源量为591m³，属于严重缺水偏极度缺水型海岛区域。定海区自来水供应部分来自大陆引水工程水源地姚江，其余来自本地水库蓄积的雨水。定海区本岛村民用水来源于本岛自来水厂，通过管道输送。离岛村民的用水来源岛上水库，通过海岛上水厂处理后泵送，离岛村民的用水安全很容易受到干旱等极端天气的影响。

定海区农村污水处理分为以下三类：

→ 管道铺设成本较低的城郊乡村，以及人口众多、污水处理压力较大的乡村：一般采用纳入污水处理管道、排入城市污水处理厂的方式。

→ 距离城区较远的乡村：由于土地资源不紧缺，人口密度不大，生活污水浓度不高，所以大部分都通过"沉淀池+PKA"处理工艺，处理之后排放或者用于回田灌溉。

→ 旅游人口和农家乐众多的乡村：由于生活污水浓度相对较高，所以采用"隔油池+调节池+A^2/O+沉淀池"的处理工艺，处理后用于回田灌溉。

03 固体废弃物管理

定海区乡村对不同类型的固体废弃物有对应的处理方式：

→ 农村生活垃圾、建筑垃圾进行分类后集中收集，通过船运输到团鸡山岛的生活垃圾综合处理基地进行集中处理。

→ 农业固体废弃物、畜禽粪便、海产品加工肥料由于富含丰富的生物质资源，农场和加工厂管理者可对其进行资源化处理和利用。

→ 秸秆通过堆肥回田。

→ 畜禽粪便可被制作成为有机肥。

→ 海产品加工肥料可被制作成为饲料。

4.1.3 措施

01 用好可再生能源，尽可能提高能源自给能力

根据用能需求、资源禀赋，因地制宜地推广风能、光能、生物质能、微型水电等可再生能源利用。针对水产养殖、畜禽养殖等用能需求较大的产业，推广光能、风能等可再生能源利用技术。为想尝试使用新能源的居民、企业提供专业的咨询服务。

02 通过智能微网建设提高可再生能源系统的稳定性

为进一步提高可再生能源体系的稳定性，需推广智能微网建设。选择有条件的水库，结合太阳能、风能进行抽水蓄能。在公共建筑、旅游区进行光伏、光热供能的示范，并结合周边的停车、充电需求，充分利用车棚资源，试点推广光伏车棚、光储充一体化超级充电站。

03 提升雨水收集能力，提高水资源的回收效率

通过扩容、增加防渗措施、加固等方式提升村级水库的雨水收集存储能力。鼓励村民、农场管理者，通过雨水沟、雨水收集池等设施，构建自用的雨水收集体系，采用雨水冲厕、雨水灌溉等手段减少自来水用水量。对于生活污水处理设施下游有大量农田、果园等的村庄，可通过设置回用沟渠，实现生活污水的回田灌溉。

04 探索乡村固体废弃物管理路径

争取村民生活有机垃圾不出村，处理后进行回田使用，减少需要集中处理垃圾的总量，降低垃圾运输、焚烧等带来的能源消耗和碳排放，尤其是离岛地区。对于种植大户产生的秸秆垃圾，需要引入新的技术和处理工艺，减少堆肥的占地面积，提高堆肥的效率。同时，通过推广重复使用瓶罐、避免过度包装等可持续消费的理念，减少乡村固体废弃物产生量。

定海区乡村能源与资源高效利用相关策略，如表 4-1-2 所示。

定海区乡村能源与资源高效利用相关策略　　　　　表 4-1-2

类别	策略
可再生能源	促进建筑光伏在乡村中的合理利用； 在用电需求较大的建筑周边设置光伏车棚； 在农业、养殖业中增加光伏的利用； 提高沼气以及生物质能在农村能源结构中的占比； 提供太阳能安装咨询服务； 促进太阳能光热的利用； 新建 4 个以上街镇级区域智能微网项目
水循环	村级水库（不包含区级供水水库和坑塘）雨水收集、存储能力在现有基础上提升 20%； 村民人均生活用水量（自来水）减少 5%； 对于分散式处理污水的农村，生活污水回用率达到 18%； 因地制宜地减少纳管，提倡生活污水就地处理，污水处理单位能耗相比 2020 年下降 20%
固体废弃物处理	村庄无害有机垃圾资源化率达到 100%； 农村分散式生活污水处理设施的污泥（除栅渣）回用资源化率达到 100%； 农药瓶、农膜回收利用比例达到 90%

4.2 推动乡村低碳产业发展

与乡村低碳发展相关的净零碳乡村规划原则有：

1）原则 8：加强能源、水、食物的循环；

2）原则 9：把乡村打造成促进就业、休闲旅游地目的地；

3）原则 10：使乡村成为可持续发展教育基地。

在此基础上，对乡村低碳产业发展进行 PSR 分析（图 4-2-1）：

图 4-2-1　低碳产业发展的 PSR 分析

4.2.1 压力

01 乡村产业发展和净零碳目标的冲突

在乡村振兴和净零碳的要求下,乡村需要进行产业转型,为更多的年轻人提供与城市具有相近吸引力的就业岗位。净零碳的目标对乡村产业发展也提出了更高的要求,在发展的同时尽量避免碳排放强度的增加和碳汇的减少。

因此,乡村产业创新应与农业向现代化、可持续性转变联系起来,这就要求乡村结合零碳解决方案和循环经济模式,推广新政策、新技术和新工艺来丰富农业、旅游业等乡村产业。这对于人才、技术资源和资金投入能力相对较弱的乡村来说,具有较大的挑战性。

02 乡村存在劳动力资源流失的问题

定海区乡村存在劳动力资源流失的问题,亟须推动乡村产业发展,留住乡村人才。在定海区乡村劳动力资源中,本地劳动力占比为57%,外出劳动力占比为43%,其中33%的劳动力为"常年外出"(图4-2-2)。[26]

4.2.2 现状

01 定海区乡村主要产业类型

定海区乡村主要产业有农业种植、水产养殖、

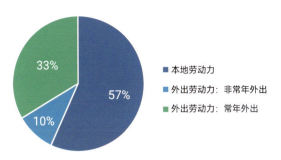

图 4-2-2 定海区乡村本地及外出劳动力资源对比(按户籍人口)

水产捕捞、畜牧业、乡村旅游业、手工业等。农林牧渔业中,渔业贡献比例最高,农业产值占比仅次于渔业,牧业逐年下降,林业最低(图4-2-3)。[26]

在旅游业方面,虽然在 2020 年由于新冠病毒,旅游业受到了严重影响,但从总体趋势来看,旅游接待人数以及旅游总收入逐年上升(图4-2-4)。受海岛气候特征和禁渔期的影响,定海区乡村旅游存在明显的淡旺季:正常情况下每年5月至11月为旺季,12月至次年4月为淡季。

02 各类产业碳排放情况

从碳排放来源来看,牧场碳排放主要来源于

图 4-2-3 定海区 2008—2019 农林牧渔业产值对比 [26]

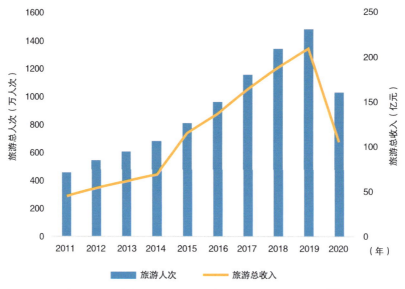

图 4-2-4 定海区 2011—2020 年旅游人次及总收入对比 [28]

农舍保温、自动化控制系统、工作人员生活的电力消耗，长距离和高频次的饲料运输、农舍保温的柴油和汽油燃料消耗，以及动物肠道排放。水产养殖的碳排放主要来源于供水、抽水以及水处理过程的电力消耗。种植业碳排放主要来自灌溉、冷库用电、交通运输中的燃料使用以及肥料使用排放（图 4-2-5）。

4.2.3 措施

01 应用低碳技术，发展可持续农业

定海区乡村农业种植与水产品养殖的产业产值占比较高，单位碳排放较低，但规模大、种类丰富，需要能源与水资源的大量投入。畜禽养殖规模不大，但是单位碳排放较高。这些农业产业均具有很强的循环利用潜力，可通过完善水—能—食物的循环系统，提高生产效率，减少能源、水资源的投入。同时，可通过促进农业废弃物的回收再利用，使用适合的可再生能源，把传统农业转型为资源高效、可持续的农业，打造低碳农产品品牌。

02 通过第一、二、三产业的融合，提高乡村收入的同时 降低碳排放强度

在原有的农业基础上，结合当地农耕、渔业

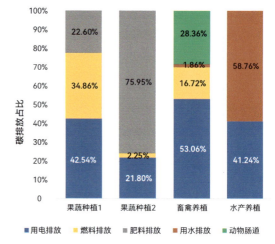

图 4-2-5 典型农业生产碳排放来源分析

文化，发展周边手工业，引入培训、教育、餐饮、户外体验类的服务业，促进第一、二、三产业的融合，进一步提升乡村产业产值，提升对优秀人才的吸引力，同时降低乡村单位产值的碳排放。

03 发展低碳的乡村旅游产业

乡村旅游产业的发展过程中需要尽量降低碳排放。在设施建设方面，推进民宿、游客接待中心的建筑节能，推进乡村旅游设施和乡村生活服

务设施的共享；在交通服务方面，鼓励游客使用公共交通出行，打造以步行为主的乡村景区；在旅游活动方面，优先考虑发展低碳的户外活动等。结合净零碳的主题，组织净零碳的学习培训课程和旅游路线，挖掘新的乡村旅游亮点。

定海区乡村低碳产业发展相关策略见表4-2-1。

定海区乡村低碳产业发展相关策略　　　　表4-2-1

农业生产	降低养殖换水比例，水产养殖水资源消耗降低10%； 水产养殖单位能耗下降25%； 农业灌溉用水量降低23%； 畜禽养殖水资源消耗降低10%，年出栏万头以上生猪规模养殖场节水设施设备安装率达到100%； 规模化畜禽养殖场的粪污100%综合利用； 发起定海区净零碳农产品标签认证
文旅产业	旅游专用车辆100%电动化； 旅游开发项目保证林地碳汇增减平衡； 发展低碳户外休闲旅游活动； 提高从事文旅产业村民在淡季的收入； 鼓励第一产业和第三产业相结合，提高农业收入； 发展可远程办公的文化创意产业

4.3 鼓励乡村低碳生活方式

与乡村低碳生活方式相关的净零碳乡村规划原则有：

1）原则2：将开发建设项目集中在混合用途的节点周边；

2）原则3：降低建筑供热与制冷的碳排放；

3）原则4：减少建筑隐含碳排放。

在此基础上，对乡村低碳生活方式进行PSR分析见图4-3-1。

图4-3-1　乡村低碳生活方式的PSR分析

第4章　制定策略：净零碳目标下的乡村振兴规划

4.3.1 压力

01 村民生活水平提升带来的设施提升需求

随着乡村的振兴，乡村常住居民、选择从城市来到乡村的产业工作人员和游客都会对乡村基础设施和生活质量提出更高的需求。但目前，相对于城市来说，乡村生活水平还有改善空间，乡村服务设施的完整度、便利性和可达性，以及建筑的舒适性都有待提升。

02 乡村基础设施新建、运行中带来的碳排放

乡村生活水平提升和产业发展的需求，使得乡村需要增加各类建筑和设施，带来建设、施工碳排放增加，也可能对乡村碳汇产生破坏；乡村生活对舒适性要求的提升，将带来建筑运行过程能耗和碳排放；同时，居民、游客交通出行增多也会带来交通碳排放的增加，服务设施的合理布局和选择低碳的交通出行工具变得非常重要。

4.3.2 现状

01 乡村服务设施分布现状

《净零碳乡村规划指南——以中国长三角地区为例》研究报告[12]中将乡村服务设施分为 Food Retail（食品零售）、Community Retail Service（社区零售服务）、Daily Service（日常服务）、Government and Community Service Facilities（政府和社区提供的服务设施）四类，如表 4-3-1 所示。研究报告中总结的分类方式更贴近村民生活，更符合海岛小型乡村的体量。

考虑到定海区的山地特性，乡村很多地区存

乡村服务设施四分类　　　　　表 4-3-1

服务设施类型		内容
第一类	食品零售	超市、售卖农产品的食品店、便利店
第二类	社区零售服务	服装店、农贸市场、五金店、药店、书店
第三类	日常服务	银行、健身房、医疗服务站、健身工作室、理发店、洗衣店、干洗店、餐厅、咖啡厅、小吃店
第四类	政府和社区服务设施	托儿所、社区医院、社区或娱乐中心、文化艺术设施（博物馆、表演中心等）、教育设施、家庭娱乐场所（剧院及体育场所）、提供公共服务的政府办公室、警察局及消防站、邮政局、公共图书馆、公园、社会服务中心

在高差，地图距离将大于实际步行距离，本书选择 400m 为步行 15 分钟的覆盖半径，分析这些设施在乡村居住区的覆盖范围（图 4-3-3）。分析结果显示，对照《净零碳乡村规划指南——以中国长三角地区为例》中提出的："50% 的居住区实现四类服务设施的步行全覆盖目标"[12]，定海区大部分乡村还有一定的差距。

目前，定海区政府提供的服务设施，如社区服务中心基本可以实现全覆盖，但商业、日常服务设施大多集中在镇行政中心村（图 4-3-2）。能够实现四类设施覆盖的区域，大多是位于镇行政中心的乡村，离镇中心较近的乡村，也可以享受其提供的服务，离镇中心相对较远的乡村，更多依靠本村的服务设施，而离岛乡村的服务设施较为不足（图 4-3-3）。

02 乡村公共交通服务体系现状

对定海区乡村的公共交通服务进行评价。以 400m 半径为缓冲区，目前定海区公交站及轮渡码头缓冲区可覆盖全区约 50% 的农村住宅用地（图 4-3-4）。

但是，部分离岛乡村仍然存在着出行不方便的问题，需要通过客运轮渡或者私人船只与大陆进行交通往来，岛上也缺少公交体系，这对提升村民生活水平和发展乡村旅游产生了一定的影响。

03 各类乡村居住建筑类型

通过实地调研和数据搜集，定海区乡村建筑以一层和二层建筑为主，一层建筑平均使用面积约为 90m²，二层建筑平均使用面积 220m²。

一层建筑以木石结构（图 4-3-5）和砖瓦结

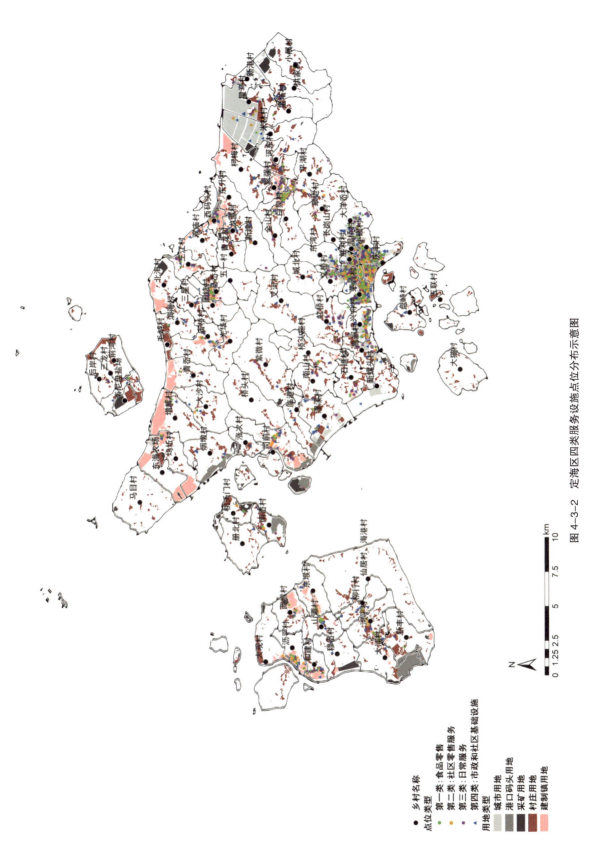

图 4-3-2 定海区四类服务设施点位分布示意图

第 4 章 制定策略：净零碳目标下的乡村振兴规划

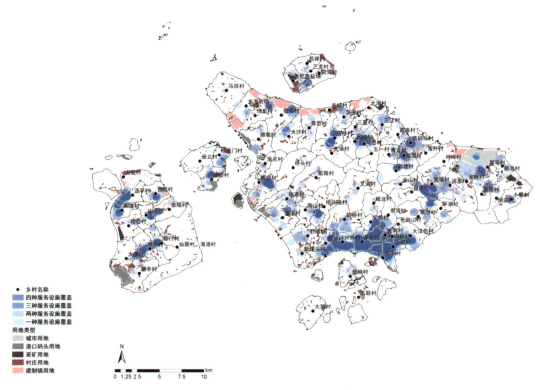

图 4-3-3　定海区乡村四类服务设施覆盖情况示意图

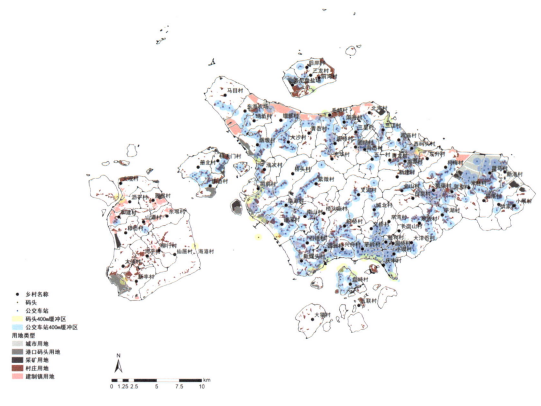

图 4-3-4　定海区全区公交站点、码头点位 400m 服务范围示意图

构（图4-3-6）为主，而二层建筑以砖瓦结构（图4-3-7）和砖混结构为主。不同结构的建筑使用不同的建筑材料，具有不同的采暖、制冷面积和耗电量（表4-3-2）。

图4-3-5　一层木石建筑

图4-3-6　一层砖瓦建筑

图4-3-7　二层砖瓦建筑

定海区乡村各类居住建筑数量占比及采暖和制冷需求　　　表4-3-2

建筑类型	数量占比	建筑材料	采暖和制冷面积	单位面积采暖制冷耗电量
一层木石结构	16%	天然石、木材、砂石、瓦片等	30m²	17.53kW·h/m²
一层砖瓦结构	39%	砖、天然石、瓦片、木材、水泥、沙等	30m²	15.77kW·h/m²
二层砖瓦结构	14%	砖、天然石、瓦片、木材、水泥、沙等	60m²	13.40kW·h/m²
二层砖混结构	31%	砖、石、钢筋、混凝土等	60m²	11.33kW·h/m²

04　乡村居住建筑全生命周期排放

定海区地处长江三角洲夏热冬冷地区，通常居民会在自己的卧室中安装空调以满足夏季制冷或者冬季采暖的基本需求。从建筑保温性能来看，一层木石结构建筑的单位面积耗电量最高，双层的砖混结构建筑耗电量最低。定海区农村住宅建筑，外墙体大多采用黏土砖墙，窗户为单层玻璃、单层铝合金窗及木窗，门为单层木门。在传热过程中，外墙热量损失所占比例最大，其次是门窗。

从建筑材料的选择来看（表4-3-3），砂、木材和石子单位碳排放很小，本身也可以回收利用。钢材、黏土砖、铝合金、涂料的碳排放系数则大很多，其中钢材可回收利用。结合使用量来看，玻璃、涂料相对使用量较小，排放贡献较低。水泥、黏土砖使用量较高，单位排量也大。因此，在建材生产阶段减少碳排放的关键，在于控制水泥、黏土砖的使用量，选取单位排放较低的替代产品来取代这些最常见、主要的建材。

在全生命周期过程中，建筑运行阶段用于采暖与制冷的碳排放相对较高，其隐含碳排放也不可忽略（图4-3-8）。在定海区新建住宅之中，因为对保温性能、坚固性能的需求提升，选择二层砖混结构的居民建筑也越来越多。较新的二层砖混结构的单位建筑面积排放量最低，这主要得益于二层砖混结构有更加节能的建筑围护结构。而比较老旧的木石建筑虽然前期建设中的建筑隐含碳排放量最小，但是运行阶段单位面积碳排放量较高，整体来说全生命周期碳排放量并不低。

定海区乡村各类居住建筑材料生产过程中碳排放强度以及用量　　　　表4-3-3

类型	涂料	钢材	黏土砖	铝	玻璃	水泥	石灰	木材	砂	石子
单位碳排放（tCO₂e/t）	2.60	2.00	2.00	1.60	0.40	0.80	0.70	0.20	0.10	0.10
一层木石结构用量（t/栋）	/	/	9.85	/	0.39	7.73	1.98	0.87	1.92	11.97
一层砖瓦结构用量（t/栋）	0.22	3.74	100.87	/	0.39	15.54	1.98	1.08	3.01	1.39
二层砖瓦结构用量（t/栋）	0.35	5.78	167.75	/	0.63	25.62	4.85	1.57	6.54	2.30
二层砖混结构用量（t/栋）	0.76	6.93	178.20	0.31	1.27	27.72	5.15	2.15	8.49	2.55

4.3.3　措施

01　完善乡村服务设施，发展乡村15分钟生活圈

未来，定海乡村的基础服务设施需要根据人口变化预测和产业发展目标，进一步完善补足。从提高设施步行可达性的角度来看，也需要通过科学规划乡村居住区，尽量将社区核心服务设施置于居住区的中心，靠近公共交通节点。

在乡村内鼓励步行，需要为行人提供适宜、安全、便利的步行环境。对于人口集中的村庄，可在入口处合理设置集中停车场，与住宅和服务设施保持步行距离，探索建立无车住宅区的可能性。村庄道路优先考虑行人和非机动车的需求，通过适宜的隔离方法，保障行人的安全。保留乡村原有道路的风貌，提升绿化水平，增加遮阳挡雨的功能，提高舒适性和观赏性。打通断头路，提高村内步行道路内部的连通性。

02　打造低碳的乡村交通体系

在乡村之间、城乡之间完善低碳的乡村交通

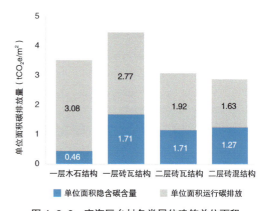

图4-3-8　定海区乡村各类居住建筑单位面积碳排放估算

体系。继续推动公共汽车、轮渡的电动化。考虑到电动汽车的普及，做好电动车充电配套设施的建设。结合乡村旅游发展规划布局，设置超低排放区域，规定各类机动车禁行区和禁行时间，并针对不同燃料类型车辆制定差异化的停车收费标准。根据旅游发展的需求，为游客提供使用新能源的旅游观光车。

03 充分利用闲置建筑的同时，提升建筑保温性能

在补足乡村生活、旅游基础设施过程中，充分利用闲置建筑，延长建筑寿命，降低建筑全生命周期碳排放。对于村民自住的居住建筑，提高对建筑保温性能和建筑材料使用的要求。鼓励对年代较为久远的建筑墙体进行修缮和保温处理，将密封性不佳的单层门窗更换为双层，同时推广使用高效、低能耗的电器设施。

04 在新建建筑中使用低碳材料和技术

引入新的建筑技术和材料，打造若干净零碳办公、居住以及旅游配套建筑示范。在建筑材料的选取上，多使用当地生产的石头、木材、钢筋等可回收的建筑材料，探索使用适合于乡村的新型低碳建筑材料。通过合理设置建筑朝向，使用被动式技术降低建筑能耗，尝试使用可再生能源为建筑供能，进一步降低建筑运行中的碳排放。

定海区乡村低碳生活方式相关策略，如表4-3-4所示。

定海区乡村低碳生活方式相关策略　　表4-3-4

土地利用和交通	全区超过50%的乡村可实现：一半面积的居住区满足步行400m内可达至少两类村级公共服务设施； 全区75%的乡村居民区可在400m步行范围内达到公共交通站点或码头； 在特色保护型乡村设置超低排放区域； 建立连通全区的乡村徒步路线； 活立木蓄积量保持增长； 各村提供200m²以上空间传承本地传统手工业
建筑运行	各类建筑平均分体式空调器的能效比提高20%； 推动既有公共建筑的深度减排； 提高新建建筑标准
建筑材料	拆除建筑材料的回收率不低于70%； 新建建筑中使用可回收建筑材料的比例不低于50%； 鼓励现代木结构建筑在乡村的推广利用； 鼓励建筑企业购买更先进、更节能的设备

4.4 完善低碳乡村治理机制

与低碳乡村治理机制相关的净零碳乡村规划原则有：

1）原则1：建立气候与碳排放数据清单；

2）原则9：把乡村打造成促进就业、休闲旅游的目的地；

3）原则10：使村庄成为可持续发展的教育基地。

在此基础上，对乡村治理体系进行PSR分析，如图4-4-1所示：

图4-4-1　低碳乡村治理的PSR分析

4.4.1 压力

01 亟待建立治理机制，保障净零碳乡村建设

治理有效是实现乡村振兴的基础和根基。净零碳目标下的乡村振兴需要实现规范、有效的常态化、精细化治理模式，在生产、生活的各个层面进行低碳引导，吸引村民、企业、政府、科研机构等多利益相关方积极参与。

总体来看，定海区乡村干部、居民对于低碳发展仍有不理解的情况，净零碳乡村建设推进过程中存在一定的阻力。通过良好的治理手段，厘清乡村振兴与净零碳目标之间的矛盾与机会，保障各类项目顺利推进，推动实现乡村振兴和低碳发展。

4.4.2 现状

01 乡村碳排放清单编制

目前，定海区已经参考国际、国内碳排放清单编制要求，邀请第三方为区内21个典型乡村编制碳排放清单，对乡村碳排放特征进行分析，并进一步结合定海区净零碳乡村建设目标，制定低碳发展的策略。

02 建立保障机制

定海区委、区政府和农业农村局在各街镇、试点村分别确定一名分管领导和联络员，对接净零碳试点乡村的专项工作，保障相关工作的落实。

4.4.3 措施

01 建立乡村碳排放清单更新机制

建立一套适应于定海区乡村的碳排放清单的编制、报送以及定期评估机制，为更多的乡村编制碳排放清单，组建支撑净零碳乡村建设的基层人才队伍。

02 在全社会进行多层面的教育倡导

借助第三方机构的专业服务力量，充分调动本地村民、乡村游客、城市居民的多元参与；借助净零碳乡村建设的契机，打造定海区乡村低碳教育特色品牌，做好气候变化缓解、适应的宣传教育工作。

定海区乡村低碳治理相关措施，如表4-4-1所示。

定海区乡村低碳治理相关措施　　　　表4-4-1

可持续发展教育	每村打造一条净零碳旅游线路；
	打造垃圾分类处理教育点；
	结合村文化礼堂设置净零碳生活方式宣传专栏或展厅；
	推广低碳的饮食习惯；
	制定气候风险地图，增强农村财产保险意识
碳排放清单	建立定海区79个乡村的碳排放清单和相关报送监测机制；
	每个乡村确定一位碳排放清单联系人

4.5 建立净零碳目标下的乡村振兴指标体系

在上述分析的基础上，定海区总结各类措施，分别从能源资源体系、低碳产业发展、低碳生活方式以及乡村治理四个方面，因地制宜地提出了"4个方面+10类规划原则"的指标体系（图4-5-1），持续推动定海区净零碳目标下的乡村振兴。

06 土地利用和交通
- 全区超过50%的乡村在可实现：一半面积的居住区满足步行400m内可达至少两类乡村级公共服务设施；
- 全区75%的乡村居民区可在400m步行范围内达到公共交通站点或码头；
- 在特色保护型乡村设置最低排放区域；
- 建立连通全区的乡村徒步游路径；
- 活立木蓄料量保持增长；
- 各乡村提供200m²以上空间传承本地传统手工业

07 建筑运行
- 各类建筑平均分体式空调器的能效比提高20%；
- 推动既有公共建筑的深度减排；
- 提高新建建筑标准

08 建筑材料
- 拆除建筑材料的回收率不低于70%；
- 新建建筑中使用可回收建材的比例不低于50%；
- 鼓励现代木结构建筑在乡村的推广利用；
- 鼓励建筑业购买更先进、更节能的设备

09 可持续发展教育
- 每乡村打造一条净零碳旅游线路；
- 打造垃圾分类处理教育点；
- 结合乡村文化礼堂设置净零碳生活方式宣传专栏或展厅；
- 推广低碳饮食习惯；
- 制定气候风险地图，增强农村财产保险意识

10 碳排放清单
- 建立定海区79个乡村的碳排放清单和相关监测机制；
- 每个乡村确定一位碳排放清单联系人

图 4-5-1 净零碳目标下的乡村振兴目标和指标体系

定海区乡村净零碳目标下的乡村振兴指标体系
4个维度
10个类别
46个指标

低碳生活方式
乡村治理
低碳产业发展
能源资源循环

01 可再生能源
- 促进光伏在乡村中的合理利用；
- 在用电需求较大的建筑周边设置光伏车棚；
- 提高沼气以及生物质能在农村能源结构中的占比，在农业、养殖业以及建筑安装中增加光伏服务；
- 提供太阳能安装咨询服务；
- 促进太阳能光热利用；
- 新建4个以上村级区域智能微网项目

02 水循环
- 村级水库（不包含区供水水库和坑塘）雨水收集、存储能力在现有基础上提升20%；
- 村民人均生活用水量（自来水）减少5%；
- 因子分散式处理方式污水的农村，生活污水回用率达到18%；提高污水就地处理、污水处理能耗相比2020年下降20%

03 固体废弃物处理
- 村庄无害有机垃圾资源化率达到100%；
- 农村分散式生活污水处理设施的污泥（除栅渣）回用资源化率达到100%；
- 药瓶、农药包装物回用率达到90%

04 农业生产
- 降低养殖水比例，水产养殖水资源消耗降低10%；
- 水产养殖单位能耗下降25%；
- 农业取用水量降低23%；
- 畜禽养殖水资源消耗降低10%，年出栏万头以上生猪规模养殖场节水设施设备安装率达到100%；
- 规模化畜禽养殖场的粪污100%综合利用；
- 发起定海净零碳养殖农产品标签认证

05 文旅产业
- 旅游专用车辆100%电动化；
- 低碳开发项目保证林地碳汇增减平衡；
- 发展低碳户外休闲旅游活动；
- 提高从事文旅产业村民在淡季中的收入；
- 鼓励第一产业和第三产业相结合，提高农业收入；
- 发展可远程办公的文化创意产业

4.6 制定不同类型乡村的净零碳规划设计方案

4.6.1 净零碳乡村规划技术与选型方法

上述定海区净零碳乡村规划目标和相关指标，需要通过具体项目和技术应用来推进和落实。有关净零碳乡村规划技术库构建与具体项目技术选型的总体思路和方法，在第2章中已有描述，本节主要介绍在定海乡村中具体的应用。

01 定海净零碳乡村规划技术库构建方法

构建适宜定海净零碳乡村规划的技术库，首先要考虑三个方面的因素：1）当前已有的成熟的低碳建设技术和低碳行为引导技术，具体可参考第2.4节中提出的技术筛选标准；2）定海区乡村当前和未来的主要碳源碳汇构成和各个领域的减排目标；3）定海区的自然资源禀赋和地理环境特点。然后根据净零碳乡村规划的10条原则进行归纳，把减排增汇需求和低碳技术匹配起来，建立技术库。

国内外研究机构在持续分析归纳各类低碳技术的特点、成本和应用前景，这可以作为定海构建净零碳乡村规划技术库的信息来源。比如2022年国家发改委等部门发布的《科技支撑碳达峰碳中和实施方案（2022—2030年）》[29]中总结了，实现双碳目标的关键技术不仅包括技术实体本身，还包括对制度、管理、人的行为等方面的规范和要求。2023年，清华同衡规划设计研究院联合能源基金会发布《面向碳中和的国际低碳技术发展研究报告》[24]，报告总结了交通、建筑、制造业、农业、能源等重点减排领域面向碳中和的主要技术，并讨论了有关生态固碳、技术固碳，以及碳金融、绿色金融产品等方面的减碳技术。

定海区乡村当前的主要碳源碳汇构成和碳排放清单在第3章中已经有了详细的分析。上一节根据定海区乡村振兴各方面的发展需求和碳排放压力，提出了各个领域的减排目标和指标。

针对定海乡村振兴中根据能源活动、农业活动、废弃物处理以及林业活动划分的四种主要碳源碳汇类型，把各项符合定海乡村特点的低碳技术参照净零碳乡村规划的10条原则进行归纳，可以建立规划技术库，如图4-6-1所示。

原则2主要考虑乡村规划布局和交通领域的减碳，适宜定海区乡村的技术包括：乡村15分钟生活圈规划技术、交通工具的电气化水平提升技术、提高公共交通比例并优化慢行交通系统技术、林地抚育和碳汇提升技术等。

原则3和原则4主要考虑乡村建筑领域的建筑运行、建造过程和建筑材料的减碳，适宜定海乡村的技术包括：建筑高性能的外围护结构技术、高能效建筑设备应用技术、装配式与数字建造技术、低碳可循环建筑材料利用技术、建筑室外微气候环境模拟技术等。

原则5主要考虑乡村可再生能源利用减排，适宜定海乡村的技术包括：太阳能光伏和光热技术、风能技术、微型水电技术和生物质能利用技术等。

原则6~8主要考虑乡村水和固废资源高效利用减排，适宜定海乡村的技术包括：乡村节水、雨水循环利用技术、分布式污水处理技术，多元有机废物厌氧转化及气—肥联产技术，有机固废堆肥化处理、无机固废回收利用技术等。

原则9主要考虑乡村旅游和第一、三产业融合发展减排，适宜定海乡村的技术包括：农文旅产业融合规划技术、数字化乡村旅游技术、低碳旅游"碳积分"技术等。

原则10主要考虑把乡村建设成绿色低碳教育基地，适宜定海乡村的技术包括：建设乡村绿色净零碳宣教中心、乡村传统手工艺展示和培训、梳理参观旅游线路串接乡村净零碳示范点位等规划技术。

02 定海净零碳乡村规划技术选型方法

构建乡村净零碳规划技术库后，主要根据成本—效益分析方法确定各类项目的技术选型，一般优先选择减排效果好、成本低的技术。在长三角地区各乡村应用低碳规划技术的成本接近，舟山市海岛地区的乡村相比大陆地区，交通、市政配套设施的成本较高。值得注意的是，即使是同一项低碳技术，应用到不同的项目中，也可能产生不同的减排效果。

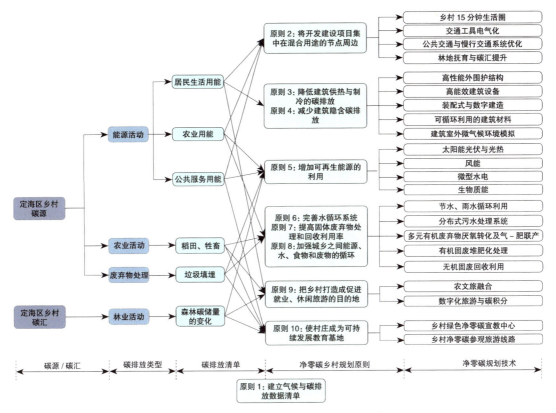

图 4-6-1 定海区净零碳乡村规划技术库构建过程

1）各类低碳技术的成本

低碳建筑技术成本，可参考 2019 年住建部发布的《绿色建筑经济指标（征求意见稿）》。[30] 绿色建筑技术增量造价单项参考指标中，维护结构热工性能比现行节能标准提高 5% 的造价增量约为 5%~15%；而比现行节能标准提高 10% 的造价增量约为 15%~20%。工业化预制构件的装配率、层数导致造价增量在 189~555 元 /m² 之间。分布式污水处理系统中人工湿地的造价增量约为 900~2000 元 /m²，雨水花园的造价增量约为 300~500 元 /m²。使用节水器具的造价增量在 10%~15% 之间。高效能建筑设备中使用高效变频风机和水泵的造价增量在 1000~3000 元 /kW 之间，智能照明控制系统的造价增量 1200~1500 元 / 回路之间。

可再生能源技术发展迅速，成本近年来明显下降。太阳能光伏发电系统应用在平屋顶的造价增量在 6~8 元 /Wp 之间，坡屋顶的造价增量在 7~10 元 /Wp 之间。太阳能热水系统在居住建筑中的造价增量在 1000~5000 元之间。

有机固废堆肥化处理的成本，可参考 2022 年农业农村部等发布的《农村有机废弃物资源化利用典型技术模式与案例》[31] 中的数据。反应器堆肥技术综合运行成本在 200~300 元 /t 之间，堆沤还田技术模式的综合运行成本在 100~200 元 /t 之间，蚯蚓养殖处理有机废弃物技术的综合运行成本在 100 元 /t 左右。

微型水电、生物质能、风能、多元有机废弃物厌氧转化及气—肥联产等技术应用成本与项目种类和规模相关。交通工具电气化、无机固废回收利用、农文旅融合、数字化旅游与碳积分、乡村绿色净零碳宣教中心、乡村净零碳参观旅游线路等与规划设计有关的成本，需要根据具体项目具体分析。

2）各类低碳技术应用的绩效评估

减碳量与技术应用的规模、质量等密切相关，较为精确的数据需要结合实际安装使用情况以及计算模拟等方式确定。例如在《国家重点节能低碳技术推广目录（2017 年本低碳部分）》[32] 中，使用典型项目估算了不同低碳技术的投资额和碳减排量。

定海区四种不同类型的乡村由于碳排放特征、社会经济现状和技术使用情况的不同，应用相同规模的同一低碳技术，获得的减碳效果可能存在差异。

以建筑光伏为例，在单位面积屋顶光伏投资成本和发电效率一致的前提下，单位面积光伏的发电量是相同的。但是不同类型的乡村，投资相同面积的屋顶光伏发电在本地化消纳比例不同，屋顶下方日常用电的量越大，本地能消纳的光伏电越多，比如单位面积民宿空调用电远远超过一般居民生活空调用电，因此民宿能消纳更多的屋顶光伏发电。由于电力的零售价远高于上网电价，本地消纳比例高意味着投资回收期更短，因此应该优先考虑在民宿、游客接待中心等建筑屋顶建设光伏。对定海区乡村而言，特色保护型乡村的民宿发展情况好，未来潜力更大，因此在特色保护型乡村中安装建筑光伏的减碳绩效通常优于生活服务型乡村。定海区生态农业型乡村中的渔业养殖和畜禽养殖的用电量很大，利用养殖建筑和大棚屋顶安装光伏，可建设面积大，本地消纳的比例高，整体绩效也很突出。

有机固废堆肥和产沼气技术不仅减少了交通运输产生的碳排放，产生的肥料还可用于农业生产，减少了人工肥料生产、运输的碳排放。但是这项技术的整体效益与有机固废的规模质量关系密切，在定海区应该优先靠近生态农业型乡村的规模化畜禽养殖产业和农产品加工业应用。

净零碳规划技术在不同类型乡村中的适应性和绩效评估，如表 4-6-1 所示。净零碳乡村规划的技术选型需要针对乡村类型、资源条件、具体的需求、未来的规划发展重点以及近期的行动计划，进行合理选择并优先应用整体绩效更好的技术。

净零碳规划技术与定海乡村类型的匹配度[1]　　　　　表 4-6-1

低碳技术		乡村类型 综合发展型	特色保护型	生态农业型	生活服务型
高性能外围护结构		√√	√√√	√	√√
高能效建筑设备		√√	√√	√	√√√
装配式与数字建造		√√	√√	√	√√
建筑室外微气候环境模拟		√√	√√	√	√
太阳能光伏与光热	光热	√√	√√	√	√√√
	光伏	√√	√√	√√√	√√
生物质能		√	√	√	√
分布式污水处理系统		√	√√	√√	√√√
多元有机废弃物厌氧转化及气—肥联产		√	√	√√√	√
有机固废堆肥化处理		√	√	√√√	√
无机固废回收利用		√√	√√	√√	√√
农文旅融合		√√	√√√	√√	√
数字化旅游与碳积分		√√	√√√	√	√
乡村绿色净零碳宣教中心		√√	√√√	√√	√√
乡村净零碳参观旅游线路		√√	√√√	√√	√

1　注：√√√ 推荐；√√ 适宜；√ 可用

净零碳乡村规划技术中，乡村 15 分钟生活圈，交通工具电气化、公共交通与慢行交通系统优化，林地抚育与碳汇提升，可循环利用的建筑材料，节水、雨水的循环利用等技术方法适宜在各个乡村推广实行，其应用的优先性与乡村类型关系较弱；风能、微型水电的应用与地理位置、自然条件有较强的关联，与乡村类型的关系不显著。因此，以上技术未在表中列举。

4.6.2 新螺头村（特色保护型→综合发展型）

01 基本情况

新螺头村位于盐仓街道的西南部，东临鸭蛋山码头、南临大海，由原来的跃进村、双联村、海新村和螺头四个村组建而成，区域面积约 9km²，有耕地面积 1275.1 亩（其中蔬菜基地 900 亩），山地面积 4124 亩，钢质渔船 13 艘，2020 年全年集体经济总收入 356 万元。

从人口数量来看，新螺头村户籍人口为 4295人，常住人口为 3860 人。从人口来源来看，常住人口中，78% 为本地人口，22% 为外地人口。从人口年龄来看，18～64 岁的人口占比为 66%，65 岁及以上的老龄人口占比为 25%，0～17 岁青少年占比为 9%（图 4-6-2 上）。

新螺头村主要产业为船舶修造、乡村旅游，村集体经济类型为场地出租。从就业情况来看，新螺头村非就业人口占比为 27%，从事工业产业人口占比为 42%，从事服务业人口占比为 16%，从事农业人口占比为 8%，从事建筑业人口占比 7%（图 4-6-2 下）。

整体上，新螺头村人口数量较多，人口结构较为年轻，乡村产业以工业制造业为主，当地居民就业情况良好。

02 碳排放清单编制

按照《浙江省温室气体清单编制指南（2020年修订版）》[17]，建立乡村温室气体排放计算数据需求清单，通过现场调研、问卷、访谈、电网公司截取等手段获取相关数据，在此基础上初步编制了新螺头村 2020 年碳排放清单。

新螺头村总碳排放量为 6541.87tCO$_2$e，碳汇储存量为 1016.50tCO$_2$e。其中，范围一碳排放量 3764.73tCO$_2$e，占总排放的 58%，碳吸收量为 1016.50tCO$_2$e；范围二碳排放量为 2557.99tCO$_2$e，占总排放的 39%；范围三碳排放量为 219.16tCO$_2$e，占总排放的 3%。新螺头村的碳排放量按照不同的人类活动类型从大到小分别为：居民生活、工商业、农业生产、公共服务，分别为 2403.42tCO$_2$e、1985.40tCO$_2$e、1500.19tCO$_2$e、652.87tCO$_2$e。

居民生活中，排放占比较大的是居家生活（居家用电及燃料），为 1869.39tCO$_2$e，占居民生活排放的 78%。工商业中以工业制造业排放为主，1898.46tCO$_2$e，占工商业排放的 95.62%。农业生产中，主要排放来源为种植业。公共服务排放整体不高，主要来源于固体废弃物处理、政府及事业单位用能以及基础设施和服务设施用能，分别为 33.57%、32.73% 及 23.64%（图 4-6-3）。

图 4-6-2 新螺头村人口、产业基本情况

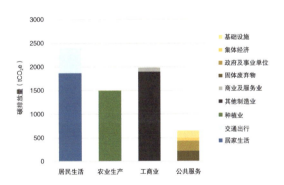

图 4-6-3 新螺头村碳排放基本情况

03 乡村发展需求与净零碳规划措施

新螺头村是一个集农林业、渔业、商贸和海上捕捞运输为一体的新型村，地理优势明显，交通便利，海景优美。目前，已在黄沙岙引进投资 1 亿余元的民宿项目——秘境·观海，该项目将村民的闲置住宅租赁后再利用，设计打造成为结合当地肌理与现代生活方式的民宿群。项目引进

以来，黄沙岙增加了停车场 2 个，停车位 25 个，并且预计将持续增加，山间路灯新增 200 个，新修公路 1 公里，植物覆盖率由 87% 提升至 92%（图 4-6-4）。

黄沙岙未来将以发展乡村旅游为主要产业，助力新螺头村的共同富裕。据统计，2020 年，新螺头村集体经济收入达到 402 万元，村民人均纯收入达到 2.7 万元，同比增长 5%。①

结合《浙江舟山群岛新区（城市）总体规划（2012-2030 年）》[27] 公示文件，到 2035 年，新螺头村现状范围内部分村域将成为城镇开发区域，城市化趋势明显。基于此，新螺头村规划发展后，将从重点发展乡村旅游的特色保护型转变为产业发展成熟的综合发展型乡村。

因此，面向乡村振兴、共同富裕、净零碳发展等目标的要求，结合乡村类型的转变，对新螺头村提出了更高的要求。新螺头村将逐渐完善以黄沙岙为代表的乡村旅游产业，新建或改造更多的民宿、旅游公共设施等，势必增加电力、能源等的使用，从而增加公共服务的碳排放。此外，

图 4-6-4 新螺头村黄沙岙新增的基础服务设施

随着越来越多的游客来到黄沙岙旅游，私家车等使用汽油或燃油的交通工具排放的 CO_2 也会逐渐增长。

基于此，新螺头村中远期发展需求包括，增设旅游服务设施发展乡村旅游，为游客和村民配套市政基础设施提高居民生活水平，组织开展文旅科普等活动吸引游客。结合净零碳乡村规划原则以及指标体系，适宜新螺头村的净零碳规划措施如表 4-6-2 所示。

04 净零碳乡村规划技术与实施方案

实施方案的制定围绕净零碳乡村的规划要点，选取相应的点位并采取适宜的技术。新螺头村黄沙岙的净零碳规划设计方案，详见第 5 章案例 3-1。

新螺头村净零碳规划要点　　　　　　　　　　　　　表 4-6-2

净零碳乡村规划原则 \ 乡村发展需求	增设旅游服务设施	为游客和村民配套市政基础设施	组织开展文旅、科普等活动
原则 2：将开发建设项目集中在混合用途的节点周边	提高公共服务设施服务水平（全区超过 50% 的乡村可实现一半的居住区面积步行 400m 内可达至少两类村级公共服务设施）；	提高交通服务设施服务水平（全区 75% 的乡村居住区面积可在 400m 的步行范围到达公共交通站点或码头）	
原则 3：降低建筑供热与制冷的碳排放	推动既有公共建筑的深度减排：降低民宿建筑群运行的碳排放		
	提高新建建筑标准		
原则 4：减少建筑隐含碳排放	充分利用闲置建筑（构筑）物		
原则 5：增加可再生能源的利用	促进建筑光伏的合理利用	推进旅游交通工具电气化	
原则 6：完善水循环系统		降低人均生活、生产用水	
原则 7：提供固体废弃物的回收利用率		提高村庄有机废弃物利用率	
原则 9：把乡村打造成促进就业、休闲旅游的目的地			提供 200m² 以上空间传承本地手工业
原则 10：使村庄成为可持续发展的教育基地			定期举办净零碳教育培训课程
			结合村文化礼堂设置净零碳生活方式宣传专栏或展厅

---

① 数据来自"今日定海"栏目报道，http://jrdh.zjol.com.cn/html/2021-12/24/content_242877.htm。

○ **通过应用高性能外围护结构、高能效建筑设备、装配式和数字建造等技术手段，改造租赁闲置民居，降低民宿建筑群运行的碳排放**

《近零能耗建筑技术标准》GB/T 51350—2019[33]明确了超低能耗建筑、近零能耗建筑和零能耗建筑的概念。相较于国家标准和行业标准，超低能耗建筑的能耗水平需降低 50% 以上，近零能耗建筑的能耗水平需降低 60%~75% 以上。零能耗建筑则是在近零能耗建筑的基础上，充分利用建筑物内部和周围的可再生能源，使得年能源的生产量大于或等于年能源消耗量。三者常用的技术如图 4-6-5 所示。

新螺头村黄沙岙人口流失问题突出、老龄化严重，导致空置的民居较多。"黄沙秘境"团队充分利用空置的民居，对其进行 20 年的租用。并在保留民居原有结构的基础上，通过采用双层中空玻璃、安装智能灯具等方式，降低民宿建筑群运行的碳排放。此外，通过设计手段呼应乡村肌理，保留乡村特征（图 4-6-6），详见第 5 章案例 3-5。

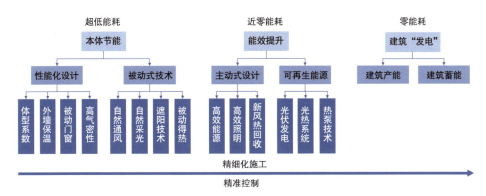

图 4-6-5　低能耗建筑相关概念和技术应用

图 4-6-6　改造中呼应乡村特征的外墙肌理与保留的结构

○ **通过设计建造黄沙岙美术馆，传承传统陶艺**

陶艺是黄沙岙当地的传统手工业，亟待传承。美术馆总建筑面积约 650m²，遵循"绿色节能示范、区域文化地标、艺术展览"的设计理念，结合当地传统手工业，包含了展厅、陶艺工作坊、旅客服务中心等功能（图 4-6-7）。

○ **结合新建建筑，促进建筑光伏的合理利用**

黄沙岙美术馆基地高差 8m，建筑形体结合定海区的海岛特色，呼应帆船的形态，呈现"单体错落阵列"的特点。结合现状地形设置双首层，通过台阶与南侧主干道相连。基地呈西北东南走向，设计方案与基地扭转一定的角度，结合 Ladybug-Radiation Analysis

图 4-6-7　黄沙岙美术馆设计方案效果图

功能，基于形体质点扭转 0° 或 180° 时正南向面积最大，从而最大化地利用太阳能。在该角度下，为屋顶以及南向墙面都设置了光伏板，利用太阳能发电，并结合"自发自用，余电上网"的运行方式，满足美术馆基本使用（图 4-6-8、图 4-6-9）。

○ **通过应用高性能外围护结构、高能效建筑设备、装配式和数字建造等技术手段，提高新建建筑标准**

黄沙岙美术馆，使用的主要材料包括木材、玻璃、钢材、石材等。外立面采用大面积玻璃幕墙的形式，充分利用自然光；引入高性能围护结构，运用双层玻璃以及保温材料,提高美术馆保温隔热的性能。建筑就地取材大量使用木材、石板等本地旧房建材和可回收建筑材料,减少材料运输距离,提高建筑材料回收利用效率。美术馆入口水池及雨水收集系统,满足了美术馆内部人员的生活用水以及景观灌溉用水(图4-6-10)。

截至目前,黄沙岙的美术馆经过多次更改方案后,正在施工建造中,与黄沙岙周边的乡村景观较好地融合在一起(图4-6-11)。

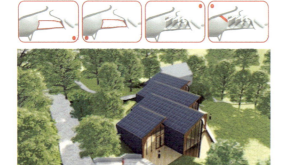

图4-6-8　黄沙岙美术馆形体生成与效果

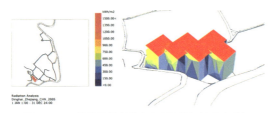

图4-6-9　黄沙岙美术馆方案太阳能辐射强度分析

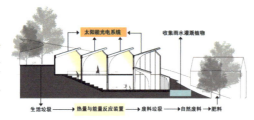

图4-6-10　黄沙岙美术馆方案技术分析图

图4-6-11　正在建造中的黄沙岙美术馆

◎ 通过规划游客、居民分区、合理配置功能等方式,提高公共服务设施的服务水平

从现状的新螺头村四类服务设施的覆盖率来看,各类设施的数量和密度都有待增加。乡村行政区域内,仅有少量服务设施点位,主要包括零售以及行政服务等功能。从空间分布来看,大部分村庄聚居点不在既有服务设施的服务半径内(图4-6-12)。

在民营资本的推动下,黄沙岙发展民宿和乡村休闲旅游产业的同时,增设各类乡村公共服务和基础设施,包含书店、咖啡馆、公共厕所、电动车充电桩、洗车设施等。在完善乡村旅游产业的同时,通过合理的布局弥补了现有乡村基础服务设施不足的现状,最大限度地服务本村村民。

图4-6-12　新螺头村公共服务设施覆盖率及黄沙岙旅游服务设施分布图

◎ 通过增设交通节点、规划游览线路等,提高交通服务设施的服务水平

针对黄沙岙山地地形不易停车、不易搬运行李等限制乡村旅游发展的问题,设置山下集中停车场和山间中转停车场,分别服务游客长期居住和短期旅游两种不同需求。通过规划村内车行通道和步行通路,实现乡村范围内的人车分流,在

村内实现了无车的居住体验环境，鼓励低碳出行（图4-6-13），详见第5章案例3-3。

🔸 **通过购置电动旅游接驳车，推进旅游交通工具电气化**

新螺头村黄沙岙的民宿区域位于海拔较高的山顶附近，为防止停放较多的私家车，导致交通的混乱，通过购置多辆旅游接驳电瓶车，结合山下和山间停车场，重构游览模式。游客将私家车停在山间中转停车场后，由管家带领驾驶电瓶车前往预订的民宿。这样的组织模式，既增加了游客专属的体验感，又减少了车辆行驶增加的碳排放。

截至目前，黄沙岙山腰中转停车场基本完成了建造（图4-6-13），基本满足旅游中转、换乘等功能需求，旅游电瓶车也投入使用，起到了缓解停车困难、梳理旅游流线的作用。

图4-6-13 已完成建造的黄沙岙山间中转停车场

🔸 **通过水资源的循环利用，降低居民生活生产用水**

出于增加点位吸引力、吸引人流集中参观、推广净零碳理念和做法的目的，在黄沙岙美术馆人流较多的周边田地，设置循环农业体验基地，通过竖向设计，引入山间溪流作为生态灌溉用水（图4-6-14左），因地制宜地节省了生产用水，设计成为低碳农业的示范点位。

此外，如果造价允许，还可以进一步调用星月湖水，处理后用于公共厕所的冲洗等，缓解海岛乡村水资源短缺的现状，同时促进形成黄沙岙的本地水循环。

🔸 **通过有机废物的堆沤还田，提高村庄有机固体废弃物的资源化利用**

结合黄沙岙发展乡村旅游的规划，公共厕所等作为必不可少的公共服务设施，需求较为急切，但乡村管道等基础设施有限，需合理对公共厕所进行选址。

黄沙岙公共厕所设计在美术馆前方，大片整治过的农田附近（图4-6-14右），两者之间的区位关系有利于有机废弃物的堆沤还田，促进农田作物生长的同时，解决了公共厕所处理有机废弃物的问题。

图4-6-14 黄沙岙低碳农业示范区

🔸 **充分利用闲置建筑，打造零碳小屋，定期举办净零碳教育培训课程**

以新螺头村黄沙岙为中心，践行以净零碳为主线的实践路径，面向广大机关干部和村社干部，增加教育普及途径，利用原盐仓街道黄沙研学基地（图4-6-15），经改造后开设净零碳培训课程，详见第5章案例4-6。

图4-6-15 盐仓街道黄沙研学基地现状与改造方案

🔸 **通过引入智慧导航、建筑可阅读、碳积分等方式，打造一条净零碳旅游线路**

引入智慧导览系统，通过线上的手绘地图实现掌上游黄沙（图4-6-16左）。目前，对核心景区的所有点位已做到全覆盖。智慧导航系统也已链接到了"盐仓关注"公众号的"毓秀盐仓"栏目，未来将进一步结合"碳积分"等方式，推广净零碳的理念。

深化实现建筑可阅读，每一幢建筑二维码背后的详细介绍，让游客更深入地了解黄沙，实现生态美、生活美、服务美的智慧新乡村。目前，多个核心点位的二维码都已生成（图4-6-16右），为后期纳入"碳积分"机制奠定基础。

新螺头村黄沙岙作为引入第三方发展民宿的

第4章 制定策略：净零碳目标下的乡村振兴规划 | 49

主要村落之一，除了长期出租民居之外，建设露营基地也是有效的方式之一，并积极倡导"无痕露营"的低碳旅游模式。

等旅游配套公共建筑（图4-6-17、图4-6-18），并定期组织手工业特色活动，推动农文旅融合。

新螺头村净零碳规划中推荐技术和应用点位如表4-6-3和图4-6-19所示。未来，新螺头村将在净零碳乡村规划10项导则的基础上，继续完善净零碳乡村规划设计方案，吸引更多游客前来游玩，增加村民收入、提高生活便利性的同时，减少乡村的碳排放，促进乡村可持续发展。

图4-6-16 黄沙岙数字化游览方式

→ 通过发展乡村特色手工业，推动农文旅产业融合

新螺头村的文旅产业衍生逐渐丰富中，在"黄沙秘境"的投资建造下，逐渐形成了军嫂驿站、定海本地特色菜馆、黄沙秘境邻里中心、手工艺工坊

图4-6-17 黄沙岙文旅产业衍生

图4-6-18 黄沙岙改造后的旅游服务设施

新螺头村净零碳推荐技术及应用点位　　　　　　表4-6-3

推荐规划技术	点位名称	具体内容	净零碳原则
太阳能（光伏）	光伏停车场	在山下停车场，增设光伏车棚，利用光伏板提供电力，为村民、游客的电动汽车、助动车提供充电服务、汽车冲洗服务	原则5：增加可再生能源的利用
乡村15分钟生活圈	中转停车场	主要功能用于停放摆渡电动车。基于"可持续理念、节能技术"，设置自带光伏发电系统的充电桩，提供接驳摆渡车电力。利用螺旋坡道，搭建雨水回收系统	原则2：将开发建设项目集中在混合用途的节点周边
高性能围护结构 高能效建筑设备 可循环利用的建筑材料	民宿改造	民宿改造尽可能实现被动式采光通风，使用木材、石板等本地旧房建材和可回收建筑材料	原则4：减少建筑隐含碳排放
装配式与数字建造	净零碳美术馆	遵循"绿色节能示范、区域文化地标、艺术展览"等设计理念，包含展厅、陶艺工作坊等功能。充分利用自然光，引入高性能围护结构，屋顶引入太阳能光伏板，达到绿色节能的效果	原则3：降低建筑供热与制冷的碳排放 原则5：增加可再生能源的利用
节水、雨水循环利用	星月湖水	星月湖为雨水蓄水池，为山下停车场提供冲洗用水，为村内公共厕所提供冲洗用水	原则6：完善水循环系统
有机固废堆肥化处理	生态公厕	作为配套的旅游服务设施，公厕用水来自收集的雨水以及星月湖水，并将有机固体废弃物堆肥化处理	原则8：加强能源、水、食物和废弃物的循环
	循环农业体验	使用树枝、餐厨垃圾等有机废弃物堆肥形成的有机肥，减少化肥、农药使用	原则8：加强能源、水、食物和废弃物的循环
乡村绿色净零碳宣教中心	零碳宣传小屋	面向游客、各级领导干部，开设零碳理念培训课程，普及低碳发展理念	原则10：使村庄成为可持续发展的教育基地
乡村净零碳参观路线	净零碳游览路线	结合智慧导览系统，加入"净零碳"相关的知识普及和点位介绍，宣传净零碳的生活理念	原则10：使村庄成为可持续发展的教育基地

图 4-6-19　新螺头村净零碳规划方案

4.6.3 新建村（特色保护型→特色保护型）

01 基本情况

新建村位于舟山市定海区干览镇南部，村域总面积4.5km²，下辖黄沙、里陈、南洞三个自然村，有农户578户，常住人口1536人。按现有新建村村庄规划，预计到规划期末（2030年），旅游人口达1000人/日，常住人口规模将达2684人（图4-6-20）。

村庄规划范围包括南洞村、里陈村和黄沙村，面积为1.2km²。2019年，在首届联合国人居大会上，新建村作为长三角地区净零碳代表性乡村之一被写入报告。

图4-6-20 新建村发展乡村旅游前后对比

02 碳排放清单编制

按照《浙江省温室气体清单编制指南（2020年修订版）》[17]，建立乡村温室气体排放计算数据需求清单，通过现场调研、问卷、访谈、电网公司截取等手段获取相关数据，在此基础上初步建立了新建村2020年碳排放清单。

新建村总碳排放量为1085.83tCO$_2$e，碳汇储存量为1331.17tCO$_2$e。其中，范围一碳排放量496.87tCO$_2$e，占总排放的46%，碳吸收量为1331.17tCO$_2$e；范围二碳排放量为360.61tCO$_2$e，占总排放的33%；范围三碳排放量为228.35tCO$_2$e，占总排放的21%。新建村碳排放主要来源于乡村边界内，其次为边界外的外购电力造成的间接排放，范围三废弃物处理产生的碳排放也不可忽视。

新建村的碳排放量按照不同的人类活动类型从大到小排序为：居民生活、工商业、公共服务、农业生产，分别为640.38tCO$_2$e、128.27tCO$_2$e、228.69tCO$_2$e、88.50tCO$_2$e。居民生活中，排放占比较大的是居家生活（居家用电及用燃料），约为507.79tCO$_2$e，占居民生活排放的79.30%；工商业中全部是商业及服务业的排放，约为128.27tCO$_2$e。农业生产中，主要排放来源为种植业及畜禽养殖，且种植业排放远远大于畜禽养殖，占农业生产排放的99.71%。公共服务排放主要来源于固体废弃物处理及政府、事业单位用能，且固体废弃物排放约占99.85%（图4-6-21）。

虽然新建村的常住人口较少，但因发展乡村旅游等原因，人均公共服务碳排放高达0.19tCO$_2$e，位居21个典型村的第三名。

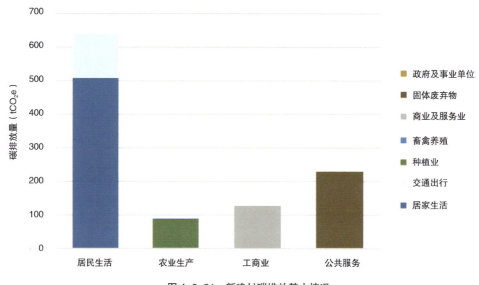

图4-6-21 新建村碳排放基本情况

03　乡村发展需求与净零碳规划措施

新建村制定了《国家级美丽宜居示范村试点——新建社区（南洞艺谷）村庄规划（2015—2030年）》，规划以创"中国美丽乡村样板"，建"国家美丽宜居示范村试点"，做"两美海岛新乡村"为总体目标。规划提出了推进美丽乡村建设工作，提升"南洞艺谷"品牌，保护村庄整体风貌与传统文化，协调村庄建设与乡村旅游发展的关系，提升村庄农房改造水平等方面的具体任务。2015—2022年，新建村改造30余套民宿，培育40家农家乐，累计吸引游客290余万人次，旅游总收入1.4亿元。

总体来说，作为特色保护型乡村，新建村主要产业为乡村旅游业，且已较为成熟，未来将进一步配置旅游相关的公共服务设施、交通服务设施，以及市政基础设施，开展具有吸引力的旅游休闲活动。

新建或改造各类服务设施，将会增加碳排放，并有占用碳汇的可能性。为了给游客提供舒适的旅游环境，乡村民宿、酒店、公共设施运行过程中对供热制冷的需求也显著高于普通居民的日常生活需求。游客的增多也将增加乡村交通碳排放，增加乡村水资源的用量和固体废弃物的数量。

结合净零碳乡村规划原则以及指标体系（图4-5-1），适宜新建村的净零碳规划措施如表4-6-4所示，要求新建村推动既有公共建筑深度减排的同时，充分利用闲置的设施和可循环建材，通过改造提升运行标准，鼓励可再生能源的利用；在乡村内部设置水循环、固废循环利用设施，鼓励废水、有机废弃物就地处理回用；同时，建立联通全村的徒步路线，设置无动力旅游设施，开展文化创意、户外运动等低碳可持续的乡村旅游活动等。

新建村净零碳规划要点　　　　　　　　　　　　表4-6-4

净零碳乡村规划原则 \ 乡村发展需求	改造已有旅游服务设施	为游客和村民配套市政基础设施	组织开展文旅、科普等活动
原则3：降低建筑供热与制冷的碳排放	推动既有公共建筑的深度减排；降低旅游配套居住建筑运行的碳排放		鼓励更换更高能效的电器
原则4：减少建筑隐含碳排放	充分利用闲置建（构）筑物		
	利用本地可循环使用的建材		
原则5：增加可再生能源的利用	促进建筑光伏的合理利用	推进旅游交通工具电气化	提供太阳能安装咨询服务
	利用小型风力发电设备		
原则6：完善水循环系统		降低人均生活、生产用水	
原则9：把乡村打造成促进就业、休闲旅游的目的地		建立连通全村的徒步路线	发展低碳户外休闲旅游活动
原则10：使村庄成为可持续发展的教育基地			打造一条净零碳旅游线路
			结合村文化礼堂设置净零碳生活方式宣传专栏或展厅

04 净零碳乡村规划技术与实施方案

→ **通过应用高性能外围护结构、高能效建筑设备、装配式和数字建造等技术手段，推动既有公共建筑的深度减排**

大乐之野是新建村为发展旅游而新建的民宿建筑群（图4-6-22），由于游客是主要的使用人员，对室内舒适度的要求较高，因此每平方米的用电量将远远大于普通民居。若通过添加光伏等主动式技术，使用清洁能源产生的绿电，降低用电碳排放，但考虑到改造成本和建筑风格目前可行性不高。

因此，考虑通过被动式的节能改造技术，如使用双层中空玻璃，增加保温性能。安装智能灯具，将走廊和门廊的灯都设置为自动关灯系统，减少了用电浪费等，详见第5章案例3-7。除大乐之野外，新建村策划新建的旅游服务中心，计划达到绿建相关标准。

图4-6-22 新建村大乐之野民宿群

→ **通过有机废弃物的堆沤还田，林业剩余物制作燃料棒等方式，促进有机固体废弃物的资源化利用**

新建村由于游客较多，民宿、农家乐产业较为发达，产生的厨余垃圾也相对较多，并且厨余垃圾量较为稳定。为推进垃圾资源化，实现湿垃圾不出村，减少运输和焚烧产生的碳排放。未来将在村内建设湿垃圾处理站，村民、民宿以及农家乐产生的有机餐厨垃圾部分用于喂养鸡、鸭、鹅，剩余的在处理站内堆肥发酵，产生的有机物实现100%回田或用于村内的绿化施肥。

此外，村内有林地360hm^2，每年产生的枯枝落叶较多，随着村内通电，村民不再收集树枝、树叶用于家庭燃料，山林中堆积的枯枝落叶也存在火灾隐患。提倡在新建村内推广林业生物质能利用，鼓励收集废弃的树枝，通过机器打碎并压缩后，制作为充分燃烧的燃料棒，用于乡村露营、野炊等活动，推动了乡村旅游形式的多元化。

除此之外，增设塑料瓶回收点等措施也与固体废弃物的循环利用有关，是特色保护型乡村常用的净零碳规划技术。

→ **通过应用太阳能（光伏）技术，补充完善闲置建筑（构筑）物的功能**

在新建村火车广场，有一个长60m、宽3m的顶棚，顶棚起到为棚下摊位遮风挡雨的作用。结合太阳能（光伏）技术，同时考虑结构的承载力，在火车广场长廊顶棚安装光伏板，通过光伏发电为夜间摊位提供照明用电，并为摊位购买食物的游客提供洗手的热水，便利了乡村旅游公共服务的同时，增加了新建村使用绿电的比例（图4-6-23）。

图4-6-23 新建村火车广场车棚以及热水供应

→ **通过应用太阳能（光伏）、小型风电技术，推动旅游交通工具电气化**

新建村北入口广场是游客集散、休息和拍照留念的场所，结合入口小广场上的休息廊架、大型发光LOGO、公交站等元素，建设一套由光伏发电、微型风电、储能电池和景观照明等功能构成的智能微网系统。有关新建村北入口具体的设计细节和理念（图4-6-24），详见第5章案例1-1。

图4-6-24 电动车充电设备以及新建村北入口的光伏瓦和风电设施

⊙ **通过利用可循环建材，采用可持续建造方式，设计贯通全村的登山步道**

新建村尽量保持古驿道的原有风貌，修建海岛登山步道，减少了对地表植被的破坏。就地取材，结合现场地形与本地材料修筑登山步道，减少了建筑材料生产与运输过程中的碳排放。步道的修建，提升了定海乡村旅游对普通游客、户外运动爱好者的吸引力，带动当地休闲旅游、健康体育等产业发展（图 4-6-25），详见第 5 章案例 2-8。

 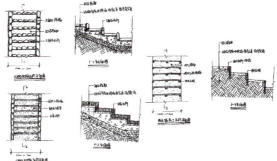

图 4-6-25 新建村登山步道可持续材料与做法

⊙ **通过梳理净零碳点位，打造净零碳旅游路线**

新建村的公共服务设施多位于规划中的村庄发展轴周围，净零碳乡村规划结合已有的村庄发展轴（图 4-6-26），设置连接各净零碳点位的旅游线路，从而保证了较为集中的点位，从而减少交通碳排放。

⊙ **通过设置无动力设施，发展低碳户外休闲旅游活动**

无动力游乐设施对环境的破坏小，充分尊重自然环境，例如在山林中设计建造木质观景平台，利用渔网改造成为儿童玩耍的蹦床等设施，吸引游客回归自然，详见第 5 章案例 2-6。

图 4-6-26 新建村规划中的乡村发展轴

第 4 章 制定策略：净零碳目标下的乡村振兴规划 | 55

→ **通过循环利用水库水资源，降低生活生产用水**

利用新建村原有的废弃游泳池，与水库相结合，促进"水库+游泳池"的水循环体系，利用上下游高差提供动力，减少外调水资源的消耗（图4-6-27）。

通过水库收集雨水，水库水经过人工湿地处理后，进入乡村游泳池。游泳池换水进入下游池塘进行存储。利用水库供应游泳池用水，减少了大量自来水的消耗，同时利用自然环境完成了水的净化。

新建村对于乡村生活污水采取处理后回用灌溉的方式，未来可继续循环利用污水处理后产生的污泥，用于回田施肥，同时可提供作物所需的磷元素。

图4-6-27　新建村游泳池

→ **通过设计建造净零碳绿色展厅，促进乡村净零碳教育**

从2020年开始，新建村筹备设计并建造了净零碳绿色展厅，起到了普及、宣传净零碳相关理念和推广案例的作用（图4-6-28），详见第5章案例4-5。

图4-6-28　新建村展厅

除此之外，新建村新建的欢喜书屋、未来将建设的群岛美术馆等都是持续开展低碳教育的有效途径和方式，有效地将新建村的实际规划与净零碳规划要点相结合。

→ **面向乡村发展需求，充分利用闲置建（构）筑物**

利用废弃兵营改造成为民宿，保留建筑外结构，仅调整内部陈设。兵营的改造与所在地文化理念积极融合，与周围的环境和场所和谐共生，保留原有建筑的形式、材料、色彩和精神，兵营的改造赋予周围环境与场所新的意义。

由兵营改建的民宿具有独特的历史文化特色，不仅解决了旅客的住宿问题，同时为村民提供了新的就业岗位，也为新建村增加了旅游收入，详见第5章案例3-6。

→ **通过鼓励村民、民宿更换高能效的空调，提供太阳能安装咨询服务等方式，推广低碳的乡村生活休闲方式**

通过调研，新建村村民2010年购置的空调，其实际能效比仅为其额定能效比的70%~80%，制冷采暖效果不佳且能耗较高。从低碳生活的角度，鼓励居民，尤其是开民宿的民居更换高能效的空调。为鼓励有需要更换空调（取暖、制冷设备）的村民或民宿，更换能效比相对较高的产品，可适当提供以旧换新的补贴。

提供太阳能安装咨询服务，帮助村民了解自家安装太阳能板的成本和效益，从而更好地推广村民自装太阳能光伏板，并促进区域能源系统的建设。

新建村净零碳规划具体点位可见表4-6-5和图4-6-29。未来，新建村将在净零碳乡村规划10项导则的基础上，继续完善净零碳乡村规划设计方案，巩固较为成熟的乡村旅游产业发展现状，挖掘乡村减碳潜力，促进乡村可持续发展。

新建村净零碳推荐技术及应用点位　　　　　　　　　　　表 4-6-5

推荐规划技术	点位名称	具体内容	净零碳原则
太阳能（光伏）	北入口风光电设备	新建村北入口处结合入口小广场上的休息廊架，设置由光伏、微型风电、储能电池和景观照明构成的智能微网系统	原则5：增加可再生能源的利用
高性能外围护结构 高能效建筑设备	大乐之野民宿	大乐之野民宿通过使用双层中空玻璃、空气能热泵热水器、智能灯具等节能技术，降低民宿能源消耗	原则3：降低建筑的供热与制冷的碳排放 原则4：减少建筑隐含碳排放
装配式与数字建造 建筑室外微气候环境模拟	游客服务中心	结合光伏、高性能建筑外围护结构、先进的采暖和制冷设备以及数字化、智能化的运维管理平台，打造具有典型示范意义的净零碳公共建筑	原则3：降低建筑的供热与制冷的碳排放 原则4：减少建筑隐含碳排放
可循环利用的建筑材料	登山步道	在古驿道、废弃步道的基础上，尽量保持原有风貌，减少了对地表植被的破坏，就地取材，减少人造建筑材料生产与运输过程中的碳排放，同时提升带动当地休闲旅游、健康体育等产业	原则4：减少建筑隐含碳排放 原则9：使村庄成为吸引就业、休闲旅游的目的地
分布式污水处理系统	PKA人工湿地	设置分布式的污水处理设施，对生活污水处理后回田灌溉，进一步将污泥回田，可提供作物所需的磷元素	原则8：加强能源，水，食物和废弃物的循环
节水、雨水循环利用	循环水游泳池	充分利用水库收集雨水，经过人工湿地处理，进入乡村游泳池，减少大量自来水的消耗	原则6：完善水循环的利用
	"水库+溪坑"水循环体系	利用自然规律将河道恢复成阶梯状地貌，通过上下游高差提供水系统循环动力，达到增加水体含氧量、美化河道景观、提供居民生活用水、生态泳池用水及池塘蓄水等目的	原则6：完善水循环的利用
太阳能（光伏）	火车广场	结合新能源的使用，在顶棚之上安装光伏或者光热设备，通过光伏发电产热，为游客提供洗手的热水，或者为夜间摊位提供照明用电	原则5：增加可再生能源的利用
太阳能（光伏）	光伏停车场	使用停车棚顶棚安装光伏组件，为电动公交车、私家车提供非碳电力，按照25年的使用寿命计算，每年可减少CO_2排放量约12.14t	原则5：增加可再生能源的利用
乡村15分钟生活圈 乡村净零碳参观旅游线路	欢喜书屋	针对学生、企业、机关单位等，定制净零碳教育课程，推广净零碳理念、实践	原则2：将开发建设项目集中在混合用途的节点周边
装配式与数字建造； 可循环利用的建筑材料；	无动力游乐设施	仙踪林探索乐园建设时保留了原址的5000余棵树，保留了碳汇资源，能提供涵养水源、调节气候	原则9：使村庄成为吸引就业、休闲旅游的目的地
乡村15分钟生活圈	净零碳展厅	2021年，位于干览镇新建村的定海区首个净零碳实践展厅正式对外开放，集中展现定海区在净零碳乡村建设成果，向来访的游客传递绿色低碳的理念	原则2：将开发建设项目集中在混合用途的节点周边 原则10：使村庄成为可持续发展的教育基地
乡村15分钟生活圈 乡村净零碳参观旅游线路	群岛美术馆	依托现有艺术家工作室、公共服务空间，组织、推广渔民画创作、展览等活动	原则9：使村庄成为吸引就业、休闲旅游的目的地
乡村净零碳参观旅游线路	直饮水设施	鼓励游客减少瓶装水引用，在景区内为游客以及宠物提供直饮水装置	原则7：提高固体废弃物的回收利用率
无机固废回收利用	塑料瓶回收点	设置塑料瓶回收点位，与相关塑料瓶回收企业合作，利用回收塑料瓶制作体现当地特色的纪念品，宣传回收利用的可持续理念	原则7：提高固体废弃物的回收利用率

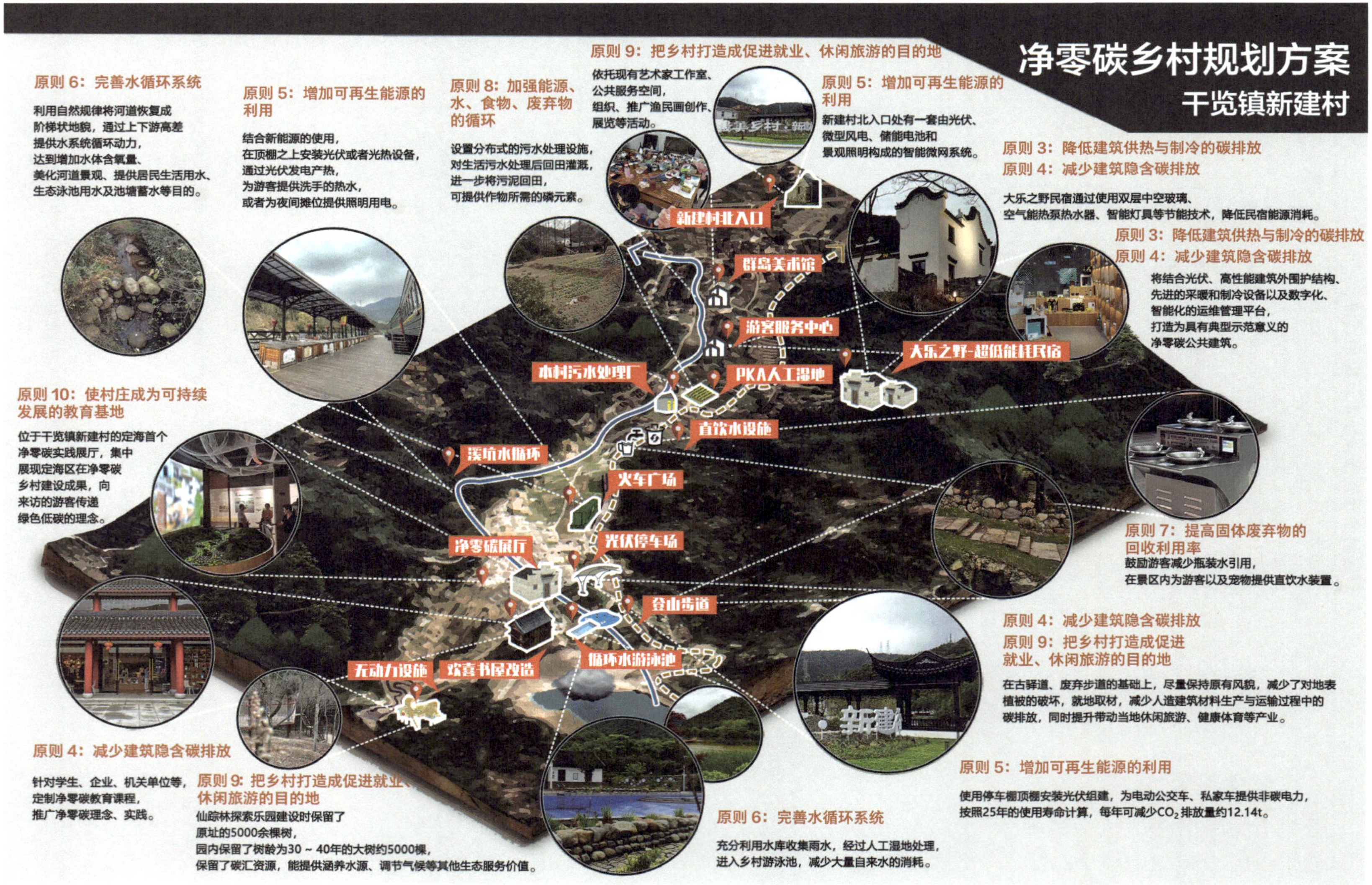

净零碳乡村规划方案
干览镇新建村

原则3：降低建筑供热与制冷的碳排放

大乐之野民宿通过使用双层台空调变，智能灯具等节能设备，降低民宿能源消耗。

原则4：减少建筑隐含碳排放

将结合光伏、高性能建造外围护结构、先进的采暖和制冷设备以及数字化、智能化的运维管理平台，打造为具有典型示范意义的净零碳公共建筑。

原则7：提高固体废弃物的回收利用率

减少建筑隐含碳造成就业、在景区内为游客定位物体以及建筑物中的回收装置。

原则4：减少建筑隐含碳排放
原则9：把乡村打造成促进就业、休闲旅游的目的地

就地取材、废弃物再利用，尽量保持原有风貌，减少对运输过程中的碳排放，同时提升带动当地休闲旅游、健康体育等产业。

原则5：增加可再生能源的利用

使用停车棚顶面覆盖光伏组件，为电动汽车提供非电能，私家车提供非电能，按照25年的使用寿命计算，每年可减少CO_2排放量约12.14t。

原则9：把乡村打造成促进就业、休闲旅游的目的地

依托既有艺术家工作室、公共服务空间，组织、推广漫画创作、展览等活动。

原则5：增加可再生能源的利用

新建村北入口处有一套由光伏、微型风机、储能电池和景观照明构成的智能微电网系统。

原则8：加强能源、水、食物、废弃物的循环

设置分布式的污水处理设施，对生活污水处理后回归灌溉，黑化污水处手动通电，进一步将污泥回田，可提供作物所需的氮元素。

原则5：增加可再生能源的利用

结合有能源的使用，在顶棚之上安装光伏发电板、光伏电材装置设备，通过光伏发电产生，可提供居民生活用水、为游客提供热水。

原则6：完善水循环系统

利用自然水循环将河道改变成阶梯状地貌，通过上下游落差提供水系统循环动力，达到增加水体含氧量，美化河道景观。提供居民生活用水，生态游泳池用水及花池灌溉等水资源目的。

原则4：减少建筑隐含碳排放

位于干览镇新建村的定海海上净零碳实践展厅，集中展现定海浦区在打造乡村净零碳、乡村建设成果，向来村的游客传递绿色低碳的理念。

原则10：使村庄成为可持续发展的教育基地

针对学生、企业、机关单位等，定期净零碳教育活动、推广净零碳理念和实践。

原则6：完善水循环系统

充分利用水库收集雨水，经过人工湿地处理，进入乡村的景观水源，能提供景观水源，减少大量自来水的消耗。

图 4-6-29 新建村净零碳规划方案

4.6.4 后岸村（生态农业型→特色保护型）

01 基本情况

后岸村主要包括大满、小满、余家三个自然村，总面积442hm²，2019年被列为浙江省历史文化村落保护利用重点村。

从人口数量来看，后岸村户籍人口为1205人，常住人口为375人。常住人口中，99%为本地人口，1%为外来人口。从人口年龄来看，18~64岁的人口占比为50%，大于65岁的老龄人口占比为28%，0~17岁青少年占比为22%（图4-6-30上）。

后岸村主要产业为农业种植、船舶修造，村集体经济类型为场地出租。从就业情况来看，后岸村非就业人口占比为19%，从事工业产业人口占比为16%，从事农业人口占比为65%（图4-6-30下）。

整体上，后岸村人口数量较少，老年人偏多，乡村产业以农业和工作制造业为主，当地居民就业情况有待提升。

02 碳排放清单编制

按照《浙江省温室气体清单编制指南（2020年修订版）》[17]，建立乡村温室气体排放计算数据需求清单，通过现场调研、问卷、访谈、电网公司截取等手段获取相关数据，在此基础上初步建立了后岸村2020年碳排放清单。

后岸村总碳排放量为1243.68tCO$_2$e，碳汇储存量为475.28tCO$_2$e。其中，范围一碳排放量188.06tCO$_2$e，占总排放的15%，碳吸收量为475.28tCO$_2$e；范围二碳排放量为1038.08tCO$_2$e，占总排放的84%；范围三碳排放量为17.53tCO$_2$e，占总排放的1%。村碳排放主要来源于边界外的外购电力造成的间接排放，其次为乡村边界内的碳排放，范围三的碳排放较少。

后岸村的碳排放量按照不同的人类活动类型，从大到小排序为：农业生产、居民生活、公共服务、工商业，分别为972.88tCO$_2$e、232.61tCO$_2$e、38.19tCO$_2$e、0tCO$_2$e。

居民生活中，排放占比较大的是居家生活（居家用电及用燃料），为219.11tCO$_2$e，占居民生活排

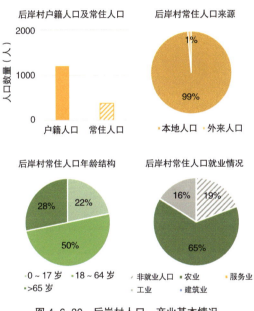

图4-6-30 后岸村人口、产业基本情况

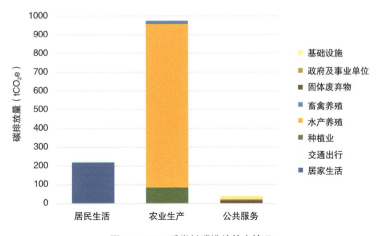

图4-6-31 后岸村碳排放基本情况

第4章 制定策略：净零碳目标下的乡村振兴规划 | 59

放的94.20%。农业生产中,主要排放源为水产养殖,排放量约为872.63tCO$_2$e,占农业生产碳排放的89.70%。公共服务排放主要来源于固体废弃物处理及基础设施服务(交通、市政)等的碳排放,排放量分别是17.53tCO$_2$e和16.09tCO$_2$e,占45.91%和45.91%,其余来自政府及事业单位的碳排放约为4.57tCO$_2$e,占比为11.95%(图4-6-31)。

03 乡村发展需求与净零碳规划措施

后岸村隶属于定海区,位于浙江省的地理东北部,坐落在长白岛上,由长白码头与舟山客运码头连通。2021年舟岱大桥建成通车,经过后岸村西部,增加了后岸村海陆交通的便利性。后岸村地处本岛北部,三面环海、一面靠山,由大满、小满、余家三个自然村组成。后岸村多山地丘陵,地势起伏,前水后山,自然优势显著,景色优美。村内产业主要为南美白对虾养殖场和传统种植业。

2019年,浙江省"千村示范、万村整治"工作协调小组将定海区小沙街道后岸村列为浙江省历史文化村落保护利用重点村。中国美术学院风景建筑设计研究总院针对历史文化村落保护利用重点村的目标和要求,即修复传统建筑、弘扬悠久传统文化、打造优美人居环境、营造悠闲生活方式等,对后岸村开展了相关的规划研究,并将后岸村的规划目标设定为建设"海上田园"乡村,并要求在修复传统古建的基础上,发展新型农渔业旅游,推动全产业链发展(图4-6-32)。

后岸村还将在推进水产养殖业成熟发展的过程中,发展与农渔业相关的体验农业,为游客和村民配套旅游服务设施、完善基础市政设施,并组织开展文旅、科普等活动。结合净零碳乡村规划原则以及指标体系(图4-5-1),适宜后岸村的净零碳规划要点如表4-6-6所示。

图4-6-32 后岸村空间规划
来源:《定海区小沙街道后岸村历史文化村落保护利用重点规划》

后岸村净零碳规划要点　　　　　　　　　　　表4-6-6

净零碳 乡村规划原则	乡村发展需求		
	发展水产养殖产业	为游客和村民配套旅游服务设施、完善基础市政设施	组织开展文旅、科普等活动
原则2:将开发建设项目集中在混合用途的节点周边		提高公共服务设施服务水平(全区超过50%的乡村可实现一半的居住区面积步行400m内可达至少两类村级公共服务设施)	
原则3:降低建筑供热与制冷的碳排放		推动既有公共建筑的深度减排:降低旅游服务设施运行的碳排放	
		提高新建建筑标准	
原则4:减少建筑隐含碳排放		充分利用闲置建筑(构筑)物	
		利用本地可循环使用的建材	
原则5:增加可再生能源的利用	在水产养殖中增加光伏的利用	促进建筑光伏的合理利用	
原则6:完善水循环系统	降低水产养殖水资源消耗	降低人均生活用水	
原则8:加强能源、水、食物和废弃物的循环	完善乡村农业产业的资源、能源体系		
原则9:把乡村打造成促进就业、休闲旅游的目的地			农文旅融合
原则10:使村庄成为可持续发展的教育基地			打造一条净零碳旅游线路

04　净零碳乡村规划技术与实施方案

➔ 通过促进水-能-食物-废物循环，降低农业生产的能源、资源消耗

水、粮食、能源（Water-Food-Energy, WFE）是实现区域可持续发展的核心战略资源，三者之间的关联（nexus）是全球可持续能源管理强调的重点之一。[34] 农业空间中"水-能源-食物"等物质流之间的相互作用是其核心特征之一，将土地要素、碳排放纳入"水-能源-食物"耦合关系中。同时，将碳排放与食物生产分别作为期望产出与非期望产出，建立了 WEFLC 耦合分析框架（图 4-6-33）。[35]

后岸村长白岛大满养虾场养虾塘占地 550 亩，塘面积 330 亩，每亩塘造价 12 万～22 万元，采用海水养殖，通过混凝沉淀过滤消毒的模式，提升养虾的水质。建议通过提高精确投饵、虾粪快速排放等自动化程序的效率，维系水质。构建虾—排泄物/饵料—藻类—虾的复合生态系统，控制硝酸盐氮含量，从而增加养殖水的持续使用时长，减少换水率。

➔ 通过应用太阳能（光伏）技术，降低农业生产能耗

大满养虾场位于后岸村最北端，占地约 42hm²。两排虾塘间距约为 4.5m，每个虾塘间距约为 1m。26m×83m 的室内虾塘 12 个，60m×30m 的室内虾塘 23 个，室内虾塘檐口高度约 2m，拱形最高点约 3.5m（图 4-6-34）。

水产养殖场的碳排放，主要来自保温、换水产生的用水和用电。室内虾塘的屋顶总面积约为 67296m²，安装光伏按照 60% 计算，则全年可以发电 403.8 万 kW·h，减排 2784.2tCO$_2$e。每个养殖大棚年耗电量 2.27 万 kW·h，仅需部分棚顶安装光伏，且光伏发电量可本地消纳，投资回收期较短。

除了在室内鱼塘屋面安装光伏外（图 4-6-35 左），在虾塘与虾塘之间的走廊安装光伏也可以实现使用清洁能源的目的，且无须考虑原有大棚钢结构的承重问题（图 4-6-35 右）。大满养殖场虾塘间通道的面积约为 3636.5m²，安装光伏按照

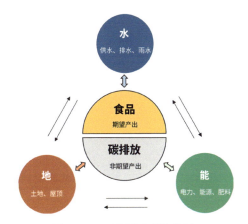

图 4-6-33　WEFLC 耦合分析

图 4-6-34　后岸村大满养虾场平面图与实景照片

60% 计算，则全年可以发电 21.8 万 kW·h，减排 149.8tCO$_2$e，可以满足全年约三分之一用电需求。

因此，在水产养殖场中尝试提高使用新能源的比例，可降低较大比例的用电排放。

目前，在净零碳乡村规划设计方案的指导下，后岸村大满养虾场的光伏板，于 2022 年底完成安装（图 4-6-36）。光伏板安装在养殖废水池之上，提升土地利用效率，共架设光伏板 394 块，占地约 2000m²，预计年发电量约 21.6 万 kW·h，发电并入国家电网。

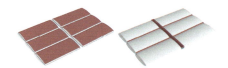

图 4-6-35　养殖棚安装光伏的两种不同方式

图 4-6-36　大满养虾场自装光伏

图 4-6-38　后岸村（大满、余家）规划的空间结构
来源：《定海区小沙街道后岸村历史文化村落保护利用重点规划》

→ **通过提高雨水收集能力、设置 PKA 湿地等方式，降低人均生活用水**

后岸村道路两旁设置的雨水沟，起到了快速疏散雨水的作用，结合雨水收集装置，提高雨水收集效率。"沉淀池+PKA 湿地"的零碳处理技术，既节约了生活污水处理过程中的能源消耗，又能够保留 C、N、P、K 等肥效用于农业灌溉（图 4-6-37）。

→ **通过利用本地可循环的特色材料，设计建造乡村景观，降低隐含碳排放**

用旧日器皿、瓦、瓮等设计建造乡村小品景观，与后岸村历史村落的气质相辅相成，并且使用本地的材料降低了材料生产和运输的碳排放（图 4-6-39）。

图 4-6-37　后岸村雨水沟与 PKA 湿地

图 4-6-39　后岸村乡村景观中的本地可循环材料

→ **通过策划净零碳点位，打造一条净零碳旅游线路**

根据规划内容，后岸村结合历史文化以及养殖产业，对北部靠近大满养殖场的区域，选定了"开渔美食节"的规划定位，以此推动第一、三产业的结合。同时，加入"渔业体验得碳积分"等互动体验手段，宣传与净零碳相关的科普知识，培养旅客的绿色行为意识。

根据规划既有的"一轴、一带、一心、三区、多点"的空间结构，连接大满与余家的乡村体验轴，贯穿了田园生活宜居区、休闲服务区以及传统生活体验区（图 4-6-38）。在其周围设计建造游客服务中心、民宿博物馆等旅游公共服务配套设施，围绕乡村体验轴，打造一条净零碳旅游线路。

→ **通过应用高性能外围护结构、高能效建筑设备、装配式和数字建造等技术手段，推动既有公共建筑的深度减排并提高新建建筑标准**

后岸村作为历史文化村落保护利用重点村之一，其中的余家村具有鲜明的清代民居特色，外墙多为当地花岗石，屋架为木质结构。后岸村在适当高度远眺可观海，具有良好的区位条件（图 4-6-40）。

利用绿色建筑等技术改造民居或新建公共设施，是未来低碳乡村旅游有序开展的必要条件之一，目前已应用绿色建筑等技术，设计建造了观海餐厅（图 4-6-41）、游客服务中心（图 4-6-42）等配套公共服务设施，并且，将在原有渔业博物馆的基础上，打造非遗体验民宿博物馆，展示渔业绳结制作技艺。未来后岸村将通过更换高效能

图 4-6-40　后岸村现状及观海景观　　　　　图 4-6-41　后岸村改造后的观海餐厅

的建筑设备等方式,进一步减少公共服务设施的碳排放。

此外,后岸村内部路径曲折,高低起伏大,基于保护历史文化村落的考虑,村内交通方式以步行为主。应在后岸村入口处设置停车场,必要时利用太阳能(光伏)技术,设置太阳能停车棚以及充电桩等设施。

后岸村净零碳规划中推荐技术和应用点位如表 4-6-7 和图 4-6-43 所示。

未来,后岸村将持续完善余家村民宿改造与建造、提升大满养虾场的物质循环效率等工作。后岸村将在净零碳乡村规划十项导则的基础上,继续完善净零碳乡村规划设计方案,促进乡村农业、旅游业发展的同时,减少乡村的碳排放。

图 4-6-42　后岸村欢喜书屋兼游客服务中心

后岸村净零碳推荐技术及应用点位　　　　　表 4-6-7

推荐规划技术	点位名称	具体内容	净零碳原则
乡村 15 分钟生活圈乡村净零碳参观旅游线路	民俗博物馆	在原有民俗博物馆基础上,打造非遗体验馆,展示渔业绳结制作技艺	原则 2:将开发建设项目集中在混合用途节点周边 原则 9:使村庄成为吸引就业、休闲旅游的目的地
太阳能(光伏)节水技术	大满对虾养殖场	打造低碳渔业养殖场,建设渔光互补光伏电站,用于养殖中供氧、加温设备。同时推进养殖用水循环,降低换水频率,减少换水过程中的能源及水资源消耗。推进养殖产业与农业教育相结合,提高第三产业收入	原则 5:增加可再生能源的利用 原则六:完善水循环系统
高性能外围护结构高能效建筑设备装配式与数字建造	游客服务中心	打造为净零碳建筑。利用太阳能光伏板、集雨系统等装置,满足休闲民宿用电、用水需求	原则 3:降低建筑供热与制冷的碳排放 原则 5:增加可再生能源的利用
	观海餐厅	利用绿色建筑技术等,打造景观优美的净零碳建筑。成为乡村旅游配套服务设施,满足游客休闲娱乐需求	原则 4:减少建筑隐含碳排放
可循环利用的建筑材料	慢行步道	慢行步道用旧日器皿,如瓮、缸、瓶、瓦等打造小品景观,古朴却又不失大气。进村的路隔一段就有小石块垒成的矮墙,上面是用黑灰色的瓦片搭建的花格窗,这些石块与瓦片均取材自废弃老屋,与周边环境浑然天成	原则 4:减少建筑隐含碳排放
高性能外围护结构高能效建筑设备	历史建筑活化利用	历史建筑修复过程归安整固可用木构件,将拆除建材整合再利用,最大限度提高拆除建筑材料的回收率。选用本地建筑材料,尽可能减少建材在生产、运输过程中的形成的碳排放	原则 4:减少建筑隐含碳排放
节水、雨水循环利用	雨水收集利用	通过分布式雨水收集、净化技术,获得可供日常活动(洗手、洗澡等)所使用的水资源,降低部分从大陆运输的需求	原则 6:完善水循环系统

图 4-6-43 后岸村净零碳规划方案

4.6.5 皋泄村（生活服务型→生活服务型）

01 基本情况

皋泄村位于定海区本岛东南部的白泉镇，以"打造高铁新镇桥头堡，塑造晚稻杨梅特色村"为现有乡村规划的发展定位。皋泄村距离白泉镇镇区较近，村内基础设施较为完善，承担了村庄管理、商业以及辅助服务城镇等功能，包含村委会、农贸市场、卫生服务站、文化活动中心、老年协会、老年日间照料中心、健身广场、寺庙、祠堂、实验学校和公墓等功能设施。

从人口数量来看，皋泄村户籍人口为3902人，常住人口为4133人。从人口来源来看，常住人口中，94%为本地人口，6%为外来人口，有较多在城区工作的人居住在此。从人口年龄来看，18～64岁的人口占比为65%，大于65岁的老龄人口占比为26%，0～17岁青少年占比为9%（图4-6-44上）。

皋泄村主要产业以农业种植、批发和零售为主。从就业情况来看，皋泄村非就业人口占比为8%，从事工业产业人口占比为20%，从事服务业人口占比为28%，从事农业人口占比为19%，从事建筑业人口占比25%（图4-6-44下）。

整体上，皋泄村人口数量较多，乡村产业以农业种植为主，当地居民就业情况良好。

02 碳排放清单编制

按照《浙江省温室气体清单编制指南（2020年修订版）》[17]，建立乡村温室气体排放计算数据清单，通过现场调研、问卷、访谈、电网公司截取等手段获取相关数据，并在此基础上初步建立了皋泄村2020年碳排放清单。

皋泄村总碳排放量为5568.41tCO_2e，碳汇储存量为1918.87tCO_2e。其中，范围一碳排放量3254.51tCO_2e，占总排放的58%，碳吸收量为1918.87tCO_2e；范围二碳排放量为2115.90tCO_2e，占总排放的38%；范围三碳排放量为197.99tCO_2e，占总排放的4%。村碳排放主要来源于乡村边界内的燃料燃烧，其次为边界外的外购电力造成的间接排放。

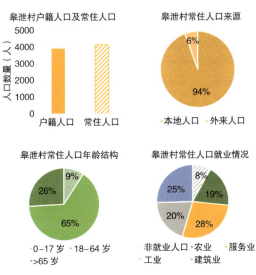

图4-6-44 皋泄村人口、产业基本情况

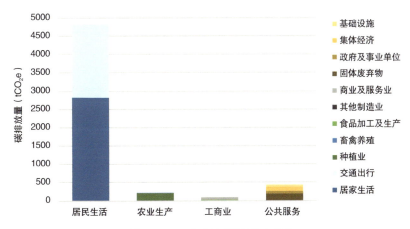

图4-6-45 皋泄村碳排放基本情况

皋泄村的碳排放量按照不同的人类活动类型，从大到小排序为：居民生活＞公共服务＞农业生产＞工商业，分别为 4823.09tCO$_2$e、434.44tCO$_2$e、224.54tCO$_2$e、86.33tCO$_2$e。

居民生活中碳排放由居家生活（居家用电及用燃料）和交通出行组成，两者分别为 2824.11tCO$_2$e 和 1998.98tCO$_2$e，分别占居民生活碳排放的 58.55% 和 41.45%。工商业中以商业及服务业排放为主，约为 64.47tCO$_2$e，占工商业排放的 74.68%。农业生产中，主要排放来源为种植业及畜禽养殖，且种植业排放远远大于畜禽养殖业，约为 208.32tCO$_2$e，占农业生产排放的 92.78%。公共服务排放中，固体废弃物处理约占 45.57%，约为 197.99tCO$_2$e；其次来自于集体经济的碳排放约为 118.16tCO$_2$e（27.20%），政府及事业单位的碳排放约为 65.56tCO$_2$e（15.09%），基础设施服务商（交通、市政）的碳排放约为 52.73tCO$_2$e（12.14%）（图 4-6-45）。

03　乡村发展需求与净零碳规划措施

作为生活服务型的代表乡村皋泄村，其碳排放主要来自于居民生活（居家生活和交通出行），人均居民生活的碳排放约为 1.17tCO$_2$e（位于 21 个典型村的第 2 位）。

皋泄村（2018—2030 年）村庄规划中，近期（2019—2025 年）主要的建设规划包括，皋泄村主要街巷整治、村庄景观节点的改造设计、危房修缮、社区文化礼堂新建、经济合作社物业用房新建以及农业旅游综合项目等。远期（2026—2030 年）规划则主要包括，关注其他区块农房改造、庭院整治、公共服务及基础设施完善、山体水体生态修复等。因此，对于皋泄村而言，截至 2030 年的村庄规划，以生活服务设施的提升和改造为主，以提高村民生活水平、促进乡村生活的便利性，同时服务于周边乡村为主要目的。

此外，皋泄村以晚稻杨梅、山柚种植等作为其特色农业，未来皋泄村规划发展以"生态皋泄和特色农业为主题的休闲旅游"为主要定位，因此促进第一、三产业的融合发展，也是皋泄村远期发展的需求之一。

因此，皋泄村未来的发展需求包括改造既有建筑和公共服务设施，为游客和村民配套旅游服务设施、完善基础市政设施，以及提高村民生活水平等。结合净零碳乡村规划原则以及指标体系（图 4-5-1），适宜皋泄村的净零碳规划措施如表 4-6-8 所示。

皋泄村净零碳规划要点　　　　表 4-6-8

净零碳乡村规划原则 \ 乡村发展需求	改造既有公共建筑和服务设施	为村民和游客配套旅游服务设施、完善基础市政设施	提高村民生活水平
原则 2：将开发建设项目集中在混合用途的节点周边		提高交通服务设施服务水平（全区 75% 的乡村居住面积可在 400m 的步行范围到达公共交通站点或码头）	
原则 3：降低建筑供热与制冷的碳排放	推动既有公共建筑的深度减排：降低村民生活服务设施运行的碳排放		鼓励更换更高能效的电器
原则 4：减少建筑隐含碳排放	充分利用闲置建（构）筑物		
原则 5：增加可再生能源的利用	促进建筑光伏的合理利用	推进居民生活交通工具电气化	提高沼气以及生物质能在农村能源结构中的占比
	促进使用太阳能（光热）设施		
原则 6：完善水循环系统		增加生活污水分布式处理回用率	
原则 10：使村庄成为可持续发展的教育基地		打造一条净零碳旅游线路	
		发起农产品净零碳标签认证	

04　净零碳乡村规划技术与实施方案

◯ 通过利用太阳能（光热）技术，改造既有公共建筑，完善乡村低碳能源资源体系，降低建筑运行的碳排放

皋泄村村民生活条件较好，太阳能热水供应系统普及率较高，但尚未在公共建筑中推广。尝试利用村内的公共建筑，如老年日托中心、便民超市的屋顶，推广使用平板式太阳能热水供应系统（图4-6-46）。平板式太阳能热水器的优点众多，包括占地面积小，吸热面积大，简单美观，与建筑物的结合性强等。

平板式太阳能热水器将太阳能的光能，直接转化成热能，可用于加热老年日托中心的日常用水，提高转换效率，减少加热生活用水的电力消耗。

由于皋泄村生活服务设施众多，未来逐步改造更新的过程中，可推广使用绿色建筑相关技术，更换高效能建筑设备。

图4-6-46　皋泄村老年日托中心安装平板太阳能图示

◯ 通过利用太阳能（光伏）技术，推进交通工具电气化

原皋泄村菜场棚长约24m、宽9m、高约4.8m（图4-6-47上），以前用于居民集中售卖蔬菜、瓜果等商品，但逐渐被废弃，闲置后暂时作为停车棚使用。

利用原菜场棚屋面加设光伏板，内部安装充电桩等"光-充-储"一体化设备后，可以同时为村庄内部的电瓶车、电动或混动小汽车提供电力。

◯ 通过完善既有公共设施功能，充分利用闲置建（构）筑物，解决居民生活难点

针对皋泄村内部无快递收发处、居民快递需自提等生活难点，利用菜场棚安装充电桩后的剩余的空间，设置自助快递服务柜，同时使用屋面光伏板产生的清洁电力（图4-6-47下）。

图4-6-47　皋泄村菜场棚现状照片及改造图示

◯ 通过GIS点位分析，提高交通服务设施的服务水平

根据对皋泄村公共交通覆盖范围的分析，皋泄村居住区公共交通覆盖较为全面，大部分乡村的居住用地可以在公交站点步行15分钟的范围内到达（按400m半径计算）。皋泄村拥有约10个公交站点，且分布较为合理，居民出行便利性较好，但东部以及西南部边缘地带的村域不在公交以及轮渡400m半径的覆盖范围内（图4-6-48）。

从针对皋泄村四类服务设施可达性的分析来看，皋泄村各类服务设施覆盖率有待加强。乡村行

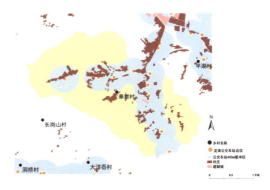

图4-6-48　皋泄村交通服务设施覆盖率

第4章　制定策略：净零碳目标下的乡村振兴规划

政区域内，日常服务设施数量较多，但其余类型的设施较少，且主要集中在村庄北部、东部，西部以及南部的服务设施覆盖率较低（图4-6-49）。

减少居民出行产生的碳排放，一方面依靠居民交通出行工具的电气化迭代，生活方式的改变等途径；另一方面需要在统一规划下，结合乡村未来发展需求，增加公共服务设施的数量和密度。

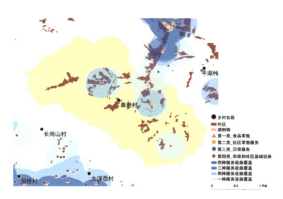

图4-6-49 皋泄村公共服务服务设施覆盖率

◎ 使用本地可循环材料，更新生态护岸

目前，皋泄村的河道相对平缓，以硬质护岸为主。建议对垂直驳岸进行适宜的生态化改造，比如通过在河岸边上设置木桩、石块，利用自然净化能力，形成较好的生态景观（图4-6-50）。

图4-6-50 皋泄村溪坑人工堤岸及木桩驳岸意向图

◎ 通过增设PKA湿地等分布式污水处理设施，增加生活污水回用率

皋泄村内空地较多，在乡村中选择合适的位置修建PKA湿地，减少了生活污水纳管处理，减少了污水处理过程的碳排放，同时又保留了C、N、P、K等化学元素用于农业灌溉。

◎ 打造农业品牌及农业低碳发展示范基地，发起农产品净零碳标签认证

皋泄村的晚稻杨梅、皋泄香柚等农作物全国闻名，但宣传有限，采购路径单一，有待进一步扩大皋泄村农业品牌的影响力（图4-6-51）。例如，采取措施促进能源-水-食物-废物等的循环，建设农业低碳示范区，帮助提升农业生产效率，促进农业可持续生产的同时，起到吸引游客前来品尝、采购、体验的作用。

图4-6-51 皋泄村的香柚和杨梅

◎ 通过建立多元有机废弃物厌氧转化及气-肥系统，推广乡村沼气及生物质能的使用

皋泄村在农业种植和日常生活中产生大量的果树枝条、厨余垃圾等有机物，可充分利用这些有机废弃物制作沼气，用于给乡村公共设施供能。

常见的农村沼气综合利用技术包括，节能增效技术、农业增收技术以及环境清洁技术。为推广沼气在农村生产、生活中的多样使用，宜建立公用设施的长效管护制度。

◎ 通过鼓励更换高能效的电器、提供太阳能安装咨询服务，推广低碳的乡村生活休闲方式

皋泄村常住人口数量较多，整体房屋质量和村民生活质量较高，通过增加补助的方式，鼓励村民使用、更换节能的家用电器，降低村民生活碳排放的同时，减少村民能源花费。

可以利用皋泄村的公共室外空间，如村口的健身广场（图4-6-52），策划净零碳相关活动，展示

图4-6-52 皋泄村入口健身广场

相关技术做法，提供太阳能安装咨询服务等，促进居民深入参与并充分理解净零碳理念和做法、要求。

皋泄村净零碳规划中推荐技术和应用点位如表4-6-9和图4-6-53所示。

未来，皋泄村将在净零碳乡村规划十项导则的基础上，继续完善净零碳乡村规划设计方案，完善生活服务设施的同时，减少乡村的碳排放。

皋泄村净零碳推荐技术及应用点位　　　　　　　　　　　　　　　　表4-6-9

推荐规划技术	点位名称	具体内容	净零碳原则
太阳能（光伏）	老年活动中心	在老年日托中心屋顶安装太阳能热水供应系统，为就餐老人提供热水洗手	原则5：增加可再生能源的利用
乡村15分钟生活圈 太阳能（光伏）	光伏停车棚	皋泄村菜场顶棚加设光伏顶棚、储能设备与充电桩的"光—充—储"一体化设备，为乡村电瓶车充电、村民电动或者混动小汽车充电	原则4：减少建筑隐含碳排放 原则5：增加可再生能源的利用
乡村净零碳参观旅游线路	生态护岸	对河道岸堤进行生态化改造，促进村庄生物多样性	原则6：完善水循环系统
太阳能（光伏） 乡村绿色净零碳宣教中心	村民健身广场	在健身广场增设使用可再生能源、智慧化的活动健身设施，开展低碳宣传活动，推广低碳生活理念	原则5：增加可再生能源的利用 原则10：使村庄成为可持续发展的教育基地
数字化旅游与碳积分	农业生产基地	以晚稻杨梅、皋泄香柚为种植示范，结合设备用房合理使用新能源，引入节水管理设备，为特色农产品定制碳标签	原则8：加强能源、水、食物和废弃物的循环
高性能外围护结构 高能效建筑设备	公共服务中心	利用老的村委会建筑修建具有新功能的居民公共服务设施，增加光伏等新能源的使用，以节能电器更换老旧的高耗能电器，在庭院打造雨水花园，设置新能源充电设施	原则4：减少建筑隐含碳排放 原则5：增加可再生能源的利用

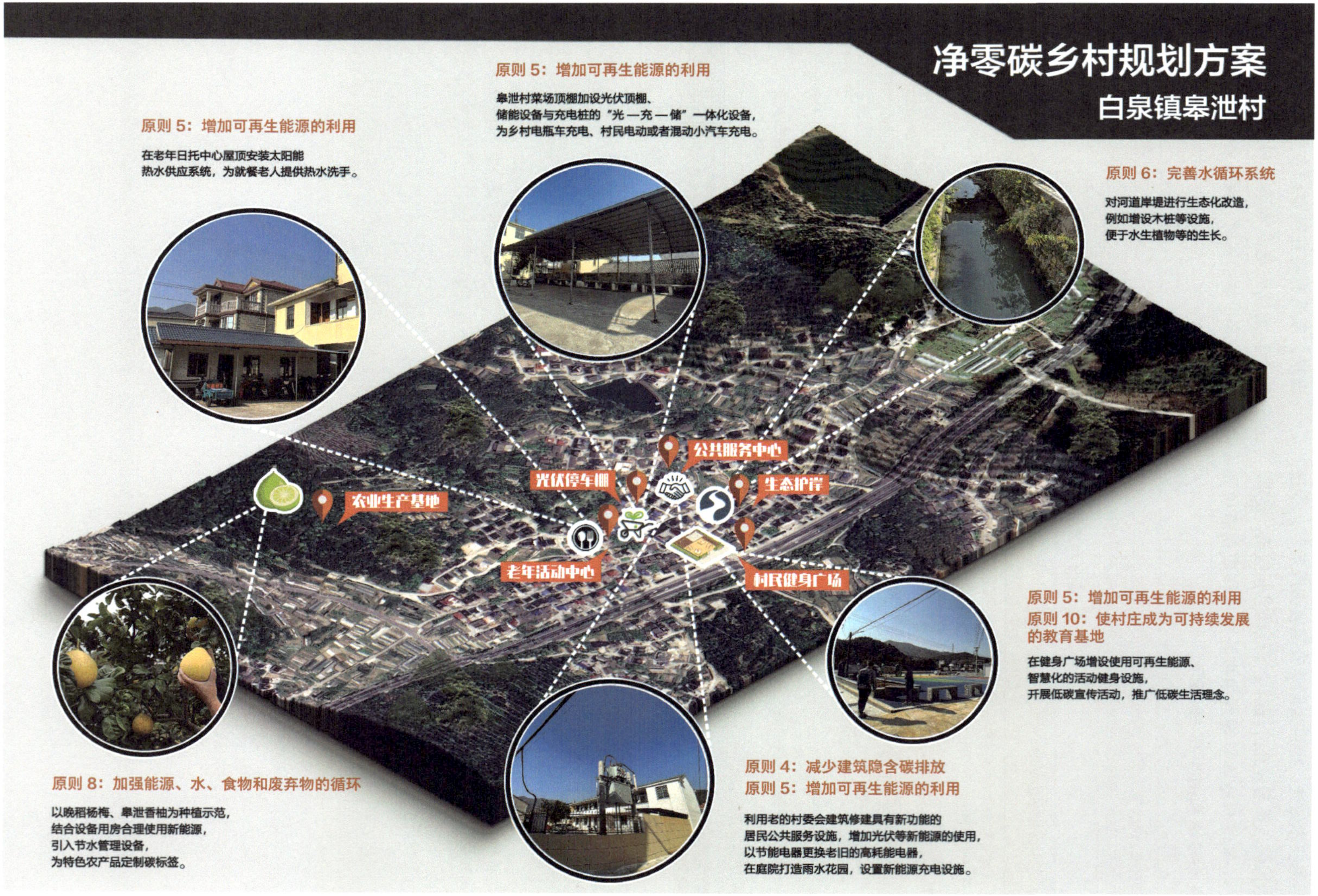

净零碳乡村规划方案
白泉镇皋泄村

原则6：完善水循环系统
对河道岸坡进行生态化改造，例如增加水生植物等设施，便于水生植物等的生长。

原则5：增加可再生能源的利用
皋泄村采动源增加设光伏顶棚，储能设备与充电桩的"光—储"一体化设备，为乡村电瓶车充电、村民电动或者混动小汽车充电。

原则5：增加可再生能源的利用
在老年日托中心屋顶安装太阳能热水供应系统，为就餐老人提供热水洗手。

原则5：使村庄成为可持续发展的教育基地
原则10： 在健身广场增加使用可再生能源、智慧化的活动器械等设施，开展低碳宣传活动，推广低碳生活理念。

原则4：减少建筑增合碳排放
原则5：增加可再生能源的利用
利用老旧的村委会建筑修建具有新功能的居民公共服务设施，增加以伏等新能源的使用，以书馆电器更换老旧的高耗能电器，在庭院打造雨水花园，设置新能源充电设施。

原则8：加强能源、水、食物和废弃物的循环
以免租形式，鼓励各方种植示范，结合设备用合理使用新能源，引入节水管控设备，为特色农产品定制碳标签。

图 4-6-53 皋泄村净零碳规划方案

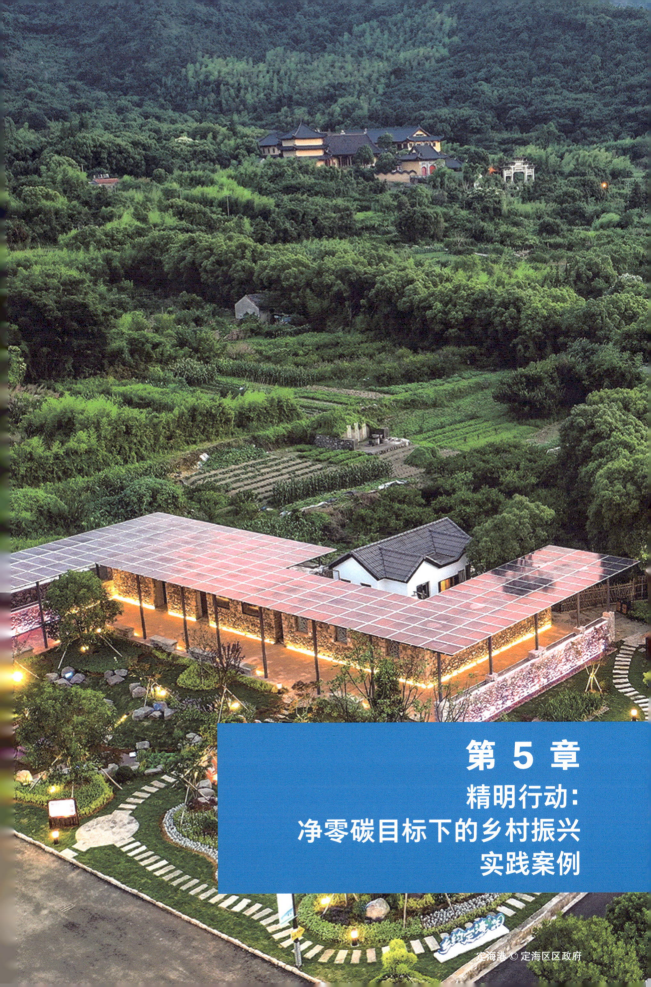

第 5 章
精明行动：
净零碳目标下的乡村振兴实践案例

定海港 © 定海区区政府

5.1 定海区净零碳目标下乡村振兴案例汇总

评估定海区乡村振兴项目，首先介绍项目的基本信息，包含位置、实施者，以及与联合国SDG目标、净零碳乡村建设原则等的相关性。其次，分别从设计理念、低碳效益以及优化建议三个方面详细分析案例（图5-1-1）。

其中设计理念将介绍案例的相关背景，包含项目对于推动乡村振兴的意义，以及实现净零碳目标的技术方法和理念。

低碳效益将从定性、定量的角度评估案例，其中项目减排效益参考生态环境部应对气候变化司发布的《2019年度减排项目中国区域电网基准线排放因子》相关数据估算，无法直接估算的效益通过定性的方式描述。[36]

最后，根据联合国的净零碳乡村规划导则和乡村振兴的要求，为项目的优化提升提出建议。

案例汇总信息如表5-5-1所示。

图 5-1-1　案例评估流程图

案例汇总表　　　　　　　　　　　　　　　　　表 5-1-1

案例类型		案例编号	案例名称	页码
低碳能源资源使用	可再生能源使用	1-1	风光储一体化智能微网系统	73
		1-2	使用新能源的乡村集市	75
		1-3	岑港风力发电场	78
	水循环	1-4	溪坑水循环系统	79
		1-5	与光伏顶棚结合的生态公园水循环体系	81
		1-6	使用雨水沟提供农场灌溉用水	83
	固体废弃物	1-7	农药瓶、农膜回收处理	85
		1-8	畜禽养殖废弃物的再利用	86
低碳产业发展	农业产业低碳化	2-1	打造低碳农场	89
		2-2	水产养殖通过管理技术降低碳排放	93
		2-3	打造"定海山"本地农产品品牌，建立农业碳排放管理平台	95
	第一、二、三产业融合	2-4	结合当地渔民文化发展渔民画等手工业	97
		2-5	在种植业基础上开展农业教育培训	98
		2-6	在旅游开发中保护碳汇	99
	发展低碳乡村休闲旅游产业	2-7	发展户外露营产业	100
		2-8	发展户外徒步运动产业	102
		2-9	为游客提供电动公交旅游专线	104
倡导低碳生活	为乡村制定低碳空间规划	3-1	以净零碳为目标制定乡村振兴规划	105
		3-2	以低碳理念完善村庄布局优化	108
		3-3	为民宿旅游区打造中转停车场	110
		3-4	建设乡村集中停车场，打造无车居住区	112
	降低乡村建筑全生命周期碳排放	3-5	将无人居住的居民建筑改造为民宿	113
		3-6	将废弃兵营改造为民宿	115
		3-7	对乡村民宿进行能源管理	116
低碳乡村治理	多方合作，多元参与	4-1	邀请第三方机构提供专业意见	118
		4-2	举办"净零碳"主题的美丽乡村周活动	119
		4-3	以无包装商店传递可持续消费理念	120
		4-4	提供"净零碳乡村贷"绿色金融服务	121
	开展低碳教育	4-5	建设净零碳乡村实践和示范基地	122
		4-6	组织政府工作人员的低碳理念普及教育	125

5.2 乡村低碳能源与资源使用案例

5.2.1 可再生能源使用

案例 1-1：风光储一体化智能微网系统

位置：新建村	实施者：定海区旅游开发公司、定海区电力公司
SDG 相关性： SDG 7——确保人人获得负担得起的、可靠和可持续的现代能源； SDG 13——采取紧急行动应对气候变化及其影响	净零碳原则相关性： 原则 5——增加可再生能源的利用

01 设计理念

新建村旅游和出行人数较多，休憩、停车、充电需求大。定海区电力公司在新建村停车场充分利用停车棚顶棚的空间资源，安装光伏组件，为车辆遮挡阳光的同时也为电动车提供了充电装置（图 5-2-1~图 5-2-3）。

图 5-2-3　电动车储能充电设备

场上的休息廊架、大型发光 LOGO、公交站等元素，建设一套由光伏、微型风电、储能电池和景观照明构成的智能微网系统，发电量、储电量可实时在线上系统查询（图 5-2-4）。

图 5-2-1　安装光伏的停车棚

图 5-2-4　新建村北入口光伏瓦及风电

图 5-2-2　风力发电设备

新建村北入口广场是游客汇集、休息和拍照留念的场所，定海区旅游开发公司结合入口小广

白天光伏和风电为锂电池充电，晚上锂电池为室外照明供电。遇到长期阴雨天，光伏、风电发电和锂电储电不足时，可切换至市电供电。许多游客会倚靠在大型发光 LOGO 旁边拍照，由于金属字的供电采用低压直流电，避免了常规交流电系统在风雨天可能会漏电伤人的风险。

02　低碳效益

结合定海区的光照资源现状，新建村停车场的光伏装机规模为 21.6kW，安装了国内目前应用最广泛的 450W 单晶硅光伏组件，能够最大限度地利用太阳能可再生能源。同时在光伏停车棚附近加装 60kW 的快充充电桩一套、15kW 的慢充充电桩一套，光伏组件按照 25 年的使用寿命计算，则该停车棚的光伏组件 25 年的年均发电量约为 21070kW·h，按照减排因子 0.69kgCO_2e/（kW·h）估算，每年可减少 CO_2 排放量约 14.54t。

从建成至 2021 年 12 月 6 日，新建村北入口风光储智能微网系统已发电 970kW·h（图 5-2-5），每月发电约为 150kW·h，每年预计可减少碳排放 1.24tCO_2e。

03　优化建议

◉ 扩大太阳能资源的使用面

为游客提供诸如手机、充电宝等电子产品充电服务；为停车场内的电动汽车、景区内公共电瓶车、电动自行车等提供充电服务。

◉ 增强可再生能源的咨询和教育

当前，大家对屋顶光伏系统的认识还存在着一定的偏差和误区，应邀请可再生能源、清洁能源的从业者，为当地居民和政府做良好的宣传和专业的培训，让公众更好地认识清洁能源的优点及适用性，更好地利用清洁能源。

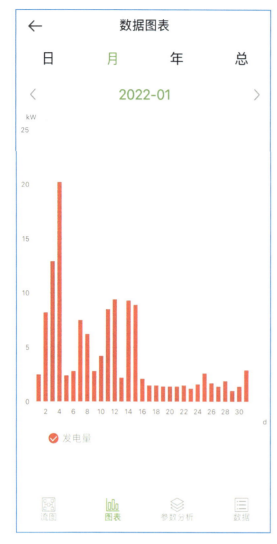

图 5-2-5　智能微网系统发电量查询界面

案例 1-2：使用新能源的乡村集市

位置：庙桥村	实施者：小沙街道

SDG 相关性：
SDG 7——确保人人获得负担得起的、可靠和可持续的现代能源

净零碳原则相关性：
原则 5——增加可再生能源的利用；
原则 6——完善水循环系统；
原则 7——提高固体废弃物处理和回收利用率

01 设计理念

小沙农贸市场位于镇政府所在地庙桥村。农贸市场面积 2242m²，并配有停车场 2800m²。市场主要为周边农户和居民提供零售服务，每日流量约为 300~400 人。

菜市场内部共有摊位 85 个，售卖范围包含蔬菜、水果、肉类、水产等，市场外围有沿街店铺共 12 家（图 5-2-6、图 5-2-7）。

在更新改造过程中，小沙农贸市场在建筑顶棚增设光伏板，同时在停车场中增加 6 座新能源汽车充电桩，服务有需要的居民（图 5-2-8）。

菜场顶棚光伏的发电量，主要用于满足菜市场日常营业和停车场电动车充电桩用电，其余电力将纳入供电电网。

图 5-2-6　菜市场内部

图 5-2-7　菜市场沿街店铺

图 5-2-8　安装光伏顶棚的菜市场鸟瞰改造设计图

图 5-2-9 "自产自销"摊位、环保袋发放机器

02　低碳效益

◯ 使用新能源

光伏发电板总面积为 437.2m²，装机容量为 88.8kWp。按照舟山市年有效日照时间为 1430.9h，系统效率选取数值 80% 来计算，光伏每年年发电量约为 10.17 万 kW·h（图 5-2-10）。

按照减排因子 0.69kgCO$_2$e/（kW·h）估算，每年可以减少碳排放 70.17tCO$_2$e。

◯ 积极推进可持续消费

菜市场专门设置了"自产自销"摊位（图 5-2-9 左），在季节性的水果蔬菜上市之际，在规定经营时间段内，鼓励具有资质的本地果农、菜农前来摆摊，并收取较低的摊位费用。

农产品的运输将产生碳排放，由于长距离运输产生的碳排放甚至会超出食物生产的排放。选择本地的农产品，不仅可以降低全生命周期碳排放，而且起到了推广本地优质农产品、促进农业产业发展的作用。

同时，在菜市场的入口，管理单位设置了环保袋发放机（图 5-2-9 右）。这些环保袋是由玉米、秸秆等材料制成的可降解塑料袋，可以重复使用。

这些环保袋限量供应，每人最多可以免费领取两个。鼓励居民使用这些塑料袋，使得摊主不需要再向居民提供其他不可降解塑料袋，从而减少塑料垃圾的产生，降低固体废弃物处理排放，鼓励居民践行可持续消费。

图 5-2-10　安装光伏顶棚后的菜场现状

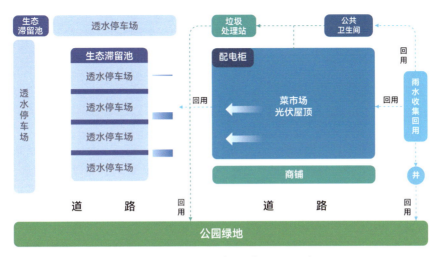

图 5-2-11　菜市场回收利用体系平面设计图

03　优化建议

➔ 建立回收利用体系

菜场在运营过程中会产生大量的厨余垃圾并使用较多的水资源。可建立厨余垃圾回收再利用和雨水回用体系（图 5-2-11），降低垃圾运输、焚烧以及用水过程中的碳排放。

菜市场的厨余垃圾和公共卫生间的有机垃圾可以处理后制成有机肥，施用于菜市场周边的公园绿地和道路绿化。

可收集屋顶、停车场的雨水并加以处理，同时利用井水为菜场、垃圾处理站、卫生间及停车场提供冲洗用水，剩余部分可用于公园绿地浇灌。

其中光伏屋顶的雨水较为干净，通过弃流和简单沙滤处理后即可回用。地面雨水相对来说污染物较多，可通过透水铺装、生态滞留池等海绵设施净化后进入雨水管网回用（图 5-2-12）。

➔ 利用自然采光

目前菜市场已有侧窗为自然采光，但目前市场内部仍然偏暗，可增加一系列天窗（图 5-2-13），充分利用自然采光为市场内部提供照明，降低菜场用电量。

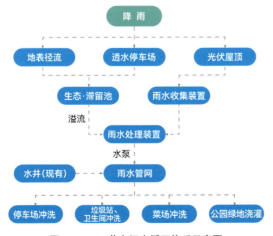

图 5-2-12　菜市场水循环体系示意图

图 5-2-13　现有的采光侧窗

第 5 章　精明行动：净零碳目标下的乡村振兴实践案例

案例1-3：岑港风力发电场

位置：马目村	实施者：龙源电力
SDGs 相关性： SDG 7——确保人人获得负担得起的、可靠和可持续的现代能源； SDG 13——采取紧急行动应对气候变化及其影响	净零碳原则相关性： 原则 5——增加可再生能源的利用

01 设计理念

风能是无污染、低成本的清洁能源，近年来风力发电技术和系统的进步，使得风能的开发成本和度电成本大大降低。在优质的风能资源区域，风电比当地的火电更具成本优势。

定海区的风能资源丰富，充分利用当地优越的风能资源，是降低定海区甚至舟山市全域碳排放的最有效手段之一。通过对该地区风能资源、用电用能情况的系统性分析，浙江省龙源电力公司在马目村附近海边竖立分布式风机，建设1台3MW 的分布式风机（图 5-2-14、图 5-2-15），所发电力并入舟山市电网，有效降低舟山市电网的电力排放因子。

02 低碳效益

通过系统分析马目村的风能资源情况，针对选用的某风电设备公司的风力发电系统，按照其20年的使用寿命计算，则该分布式风力发电系统的年均发电量约为 990 万 kW·h（图 5-2-16），按照减排因子 0.69kg CO_2e/（kW·h）估算，每年可减少排放约 6831tCO_2e。此外，每年还可减少大量由于煤炭发电产生的灰渣及排放的烟尘，并减少相应的废水排放，节能减排效益显著。

03 优化建议

➔ 引入优质可再生能源管理企业

若定海区对风能资源利用意愿强烈，可以引入专业的风能投资平台，加大对海上风电的开发力度，提供专业的风电建设、研发及运行管理。

➔ 增加风光储互补系统

"风光"组合发电系统，使用纯天然、无污染的风能和光能发电，二者有很强的互补性，同时结合储能系统的建设，可更好地提升可再生能源发电系统的稳定性和适应性。

图 5-2-14　岑港风力发电场

图 5-2-15　岑港风力发电场模型

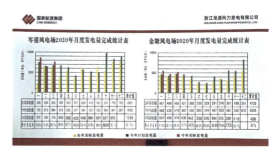

图 5-2-16　岑港风力发电场发电量

5.2.2 水循环

案例1-4：溪坑水循环系统

位置：马岙村	实施者：马岙村
SDGs 相关性： SDG 6——为所有人提供水和环境卫生并对其进行可持续管理； SDG 15——保护、恢复和促进可持续利用陆地生态系统，可持续管理森林，防治荒漠化，制止和扭转土地退化，遏制生物多样性的丧失	净零碳原则相关性： 原则 6——完善水循环系统

01 设计理念

马岙村溪坑水循环系统全长约800m，高差约为3.5m，最宽处为4m，最窄处2m，平均宽度3.2m，允许居民使用溪坑、养殖少量畜禽（图5-2-17）。各级水库利用上游到下游高差，实现了水系统循环且无外来能源消耗，并维系溪坑系统水质。

水循环系统流经上游低干扰区、居民用水区、家禽养殖区、下游区四个功能段。上游低干扰区采用三道拦水坝，拦截溪坑中的树叶、漂浮过来的塑料等杂质。通过坑塘底部铺设鹅卵石、岸边构建过滤墙和绿植、底部选择种植本地化的水草，实现高效土著菌种、土著植物对污染物的去除。居民用水区供居民在溪坑中清洗衣服、农具、厨具等，水中增加的石油类、有机物、悬浮物、氨氮、总氮、总磷等污染物通过过滤和净化后，进入后续家禽养殖区。同时，居民用水区和家禽养殖区周边设置过滤墙，降低初雨、面源污染影响，除总氮外，保证水质维系在Ⅳ类水平（图5-2-18）。

图 5-2-17 溪坑水循环系统

图 5-2-18 马岙村溪坑示意图

02 低碳效益

→ **减少自来水使用**

根据调研，平均每天溪坑的清洗频率约为 100 人次，平均每次用水量为 100L，节约用水量为 10t/日，根据 2016 年浙江省电网平均 CO_2 排放因子 $0.5264kgCO_2e/(kW·h)$ 估算，每年约减少碳排放：$0.5264 \times 3650 \times 1.05 = 2017.43kgCO_2$（表 5-2-1），减碳量较为可观。

同时，坑塘中养殖了约 15 只鸭子，平均每天需要排放 10gCOD、1g 氨氮、0.2g 总磷，这些污染物都可以通过坑塘净化系统自然净化，且不需要外界能源，同时不影响水质。

→ **旅游休闲服务和生态意识**

溪坑是马岙村的特色景观，接待马岙每年约 10 万人次的游客，不仅提供了就业机会，也赋予了马岙村旅游的生态教育意义，提升了马岙村旅游产业的吸引力。

03 优化建议

→ **通过"储水罐+光伏新能源"维系坑塘景观生态**

针对枯水期降雨缺乏的现象，在低干扰区的末端设置光伏蓄水提升系统。下游设置储水罐，利用太阳能光伏发电产生的能量，将储水罐中的水提升至上游 75m 处，确保坑塘水位维持在 0.15m 以上，保证坑塘在枯水期满足景观要求。

→ **提升管理手段**

养殖区控制家禽养殖的种类、数量和方式，同时养殖区下游设置人工浮岛等生态净化装置，保障坑塘水质。

自来水供水能耗计算　　　　　　　　　表 5-2-1

能耗来源	单位能耗（kW·h/t）	备注说明
大陆供水能耗	0.15	宁波大陆供水至定海区
储存水库提升	0.12	黄金水库提升至自来水厂
自来水厂处理	0.13	岛北自来水调研
自来水提升	0.15	自来水供至使用点
污水处理厂处理[16]	0.5	污水处理厂处理
合计	1.05	—

案例 1-5：与光伏顶棚结合的生态公园水循环体系

位置：马岙村	实施者：马岙村、同济大学

SDGs 相关性：
SDG 6——为所有人提供水和环境卫生并对其进行可持续管理
SDG 7——确保人人获得负担得起的、可靠和可持续的现代能源

净零碳原则相关性：
原则 6——完善水循环系统；
原则 2——将开发建设项目集中在混合用途的节点周边

01　设计理念

➔　生态公园的功能布局（图 5-2-19）

风雨廊：为游客和村民提供了休息、交往和观景的空间，也是游客换乘电瓶车旅游专线的候车点。光伏顶棚为池塘喷泉、厕所水处理系统提供动力，同时为电动车充电。

风雨廊内的辅助建筑：母婴室是哺乳和化妆空间，无障碍卫生间为残障人士提供服务，同时可兼作家庭卫生间；为游客提供洗手盆、直饮水设备、自动售货柜；为管理人员提供清扫工具房、休息室，兼作设备用房。

公共厕所与人工湿地：公共厕所服务游客、居民，也是低碳教育点位之一。厕所冲厕用水来自生态池塘，排水通过净化设备以及风雨廊北面的人工湿地后，进入生态池塘。

生态池塘：为游客和村民提供休闲活动场所，也具有雨水收集、水循环调蓄、生态服务等功能。

停车场与电动车充电停车站：为游客与居民提供集中停车场，鼓励游客换乘旅游电动车或者步行进入村庄，减少交通碳排放。

➔　生态公园的水循环体系

公共厕所—人工湿地—生态池塘：由风雨廊顶棚光伏发电驱动水泵，从池塘抽水用于公共厕所冲厕。提水冲厕系统采用机械过滤＋紫外杀菌方式，再通过恒压供水系统，用于厕所的使用和冲洗。

图 5-2-19　马岙村生态公园平面图与功能
（图中数字：①-生态池塘，②-喷泉，③-光伏顶棚风雨廊，④-原有公厕，⑤-人工湿地，⑥-天井，⑦-停车场，⑧-专用充电停车位，⑨-溪坑）

图 5-2-20　光伏顶棚

系统采用自动化控制系统便于管理。厕所污水经过化粪池、污水处理设备后，经过人工湿地净化后，重新进入池塘，形成循环水系统。

停车场—人工湿地—生态池塘—溪坑：停车场的雨水流经人工湿地过滤后进入池塘。在旱季，当马岙村溪坑存在断流现象时，通过水泵将生态池塘蓄积的雨水输配到溪坑上游，依托溪坑的水草和拦水坝过滤杂质，并降解水中的有机污染物。此循环系统起到了在旱季维持溪坑景观，并供应村民生活用水的作用。

图 5-2-21　人工湿地污水处理系统

02　低碳效益

➔ 光伏顶棚

廊顶棚由 212 块 $2m^2$ 的光伏板组成（图 5-2-20）。单块功率 350w，总发电功率为 74kW。按照平均每年每瓦装机光伏发电估算，每年风雨廊光伏可发电 74000kW·h，日均发电量为 203kW·h。系统采用"自发自用，余电上网"的方式，每年可减排约 51tCO_2e（按照组合边际 CO_2 排放因子 0.69 计算）。[37]

➔ 厕所—人工湿地—生态池塘水循环系统

此循环系统（图 5-2-21）每年可以通过水循环节省自来水 1640t。由于定海区的自来水供给需要从岛外远距离输送，每吨隐含碳排放 0.9kg，此循环系统每年可减少碳排放 1476kgCO_2e。

➔ 停车场—人工湿地—生态池塘—溪坑水循环系统

舟山当地年降雨量 1300mm[19]，按照径流系数 0.8 估算，生态池塘每年可以收集雨水 2080t。景观用水调蓄系统由太阳能提供电力，若每年旱季运行 135 天，可以节省电网输电 32400kW·h，减少碳排放 25.6tCO_2e。

03　优化建议

持续优化生态公园水处理体系，提升水资源利用率。同时，在生态厕所外走廊的液晶屏幕显示发电效率和用电情况，可以起到教育作用。

案例 1-6：使用雨水沟提供农场灌溉用水

位置：双桥街道	实施者：朔源蔬菜专业合作社

SDGs 相关性：
SDG 12——采用可持续的消费和生产模式

净零碳原则相关性：
原则 8——加强能源、水、食物和废弃物的循环

01　设计理念

➔ 通过雨水沟蓄积雨水用于灌溉

双桥街道朔源蔬菜专业合作社主要产品为各类蔬菜，农场总占地面积约 6 万 m²，实际种植面积 4 万 m²，还有 2 万 m² 是农场内的道路和雨水沟（图 5-2-22）。雨水沟宽 5~6m，深 1.5m，在日常降雨情况下可蓄积雨水，并满足农场一年四季生产用水。当海岛面临台风暴雨等极端天气时，可提前将雨水沟排干，让过量的降雨蓄积到沟中，防止作物被淹。雨水沟中也饲养了一些鱼类，可消耗小部分农业有机废弃物。

➔ 使用滴灌技术

在灌溉过程中，该农场使用水肥一体化技术，按土壤养分含量和作物种类，将配兑成的肥液与灌溉水一起，通过可控管道和滴头系统直接灌溉到作物根部。该技术可针对不同作物生长阶段精准施肥，同时节省肥料和灌溉用水。

➔ 其他低碳措施

一段时间的种植结束后，农场使用双层膜布封闭种植大棚，从而充分利用自然光热对大棚进行高温消毒（图 5-2-23）。

同时，农场也使用了太阳能捕虫灯，通过光伏发电，在夜晚通过灯光捕捉害虫（图 5-2-24）。

图 5-2-23　高温消毒中的大棚

图 5-2-22　双桥街道朔源蔬菜专业合作社

图 5-2-24　太阳能捕虫灯

第 5 章　精明行动：净零碳目标下的乡村振兴实践案例 | 83

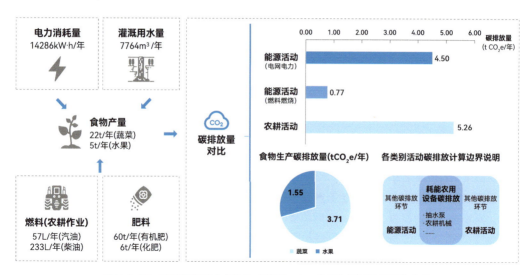

图 5-2-25　朔源蔬菜专业合作社"能源—水—食物"循环及碳排放分析

02　低碳效益

朔源蔬菜专业合作社每年需投入 14286kW·h 的电力能源和 290L 的燃料（柴油和汽油）能源，并在种植过程中施加 60t 有机肥和约 6t 的化肥，最终生产约 27t 的农作物产品，并供给 7764m³ 的灌溉水。整个过程中的能源活动碳排放总量约为 5.27tCO_2e，农业活动的碳排放总量约为 5.26tCO_2e（图 5-2-25）。

对于食物生长而言，农场每年消耗 7764m³ 的灌溉水，且由于灌溉水直接从周边人工开凿的雨水沟抽取（抽水泵能耗包含在农场总用电量中）且未作任何处理，因此水源供水环节基本未产生能耗和碳排放（图 5-2-26）。

03　优化建议

由于化肥的碳排放效应为有机肥的 30 倍[11]，虽然朔源蔬菜合作社化肥使用仅占 10%，但由肥料导致的碳排放占比为 75.95%。若农场通过自然堆肥自制有机肥，不仅将增加土地占用，而且也无法完全满足施肥的需求。

在蔬菜上市季节，农场里留下秸秆等大量的有机废弃物，受场地、技术、时间等的限制，秸秆处理存在难题。农场可以邀请有机废弃物方面专业人员，通过引入占地面积较小的堆肥技术和设备，将秸秆废弃物转化为有机肥料，降低堆肥对土地的压力。

图 5-2-26　雨水沟

5.2.3 固体废弃物

案例 1-7：农药瓶、农膜回收处理

位置：定海全区	实施者：定海区农业农村局
SDGs 相关性： SDG 12——采用可持续的消费和生产模式	净零碳原则相关性： 原则 7——提高固体废弃物的回收利用率

01 设计理念

2015 年 7 月，舟山市定海区全面启动废弃农药包装物的回收工作，41 家农资店成为废弃农药包装物回收点，覆盖了全区所有的镇、街道。

农户们可以将平时使用的农药瓶、农药袋收集起来，到回收点兑换现金。农业地膜目前的主要回收价值是每公斤 2 元。同时，定海 2019 年开始开展废弃农地膜（无利用价值废旧地膜）回收，集中统一无害化处理，形成由回收网点折价收购、回收企业归集处置、责任主体规范管理、相关部门协调监督、政府资金予以保障的可持续回收处理网络。

02 低碳效益

废弃的农药塑料瓶和塑料农膜，在田间经过紫外线照射、磨损，容易成为微塑料。[38] 土壤中微塑料含量积累到一定程度，将会影响土壤性质、功能及生物多样性[39]，并进入食物链，对人类和其他生物造成影响。

根据定海区废弃农药瓶和废弃地膜的统计数据，2020 年定海区回收地膜 90.14t、农药包装物 21.79t（表 5-2-2）。对农药瓶和农膜的回收处理，大大降低了塑料垃圾对生态环境的破坏。

历年废弃农药包装物、农膜回收情况　表 5-2-2

	农药包装物（t）	农用塑料膜（t）
2016 年	15.89	–
2017 年	23.20	–
2018 年	26.15	–
2019 年	23.23	3.26（下半年）
2020 年	21.79	90.14

03 优化建议

→ **固体废弃物资源化**

目前，定海区采用焚烧的方式处理农药瓶和固体废弃物（图 5-2-27）。2020 年农药包装物回收量总计为 20.57t，塑料瓶子的主要材质为 PP、PVC 和 PE，按照平均 80% 的含碳量、95% 的焚烧效率估算，焚烧处理过程产生的排放约为 57.32tCO_2e。2020 年回收地膜 90.14t，焚烧处理产生的排放约 251.20tCO_2e。

建议改变地膜和农药废弃包装物焚烧的处理方式，例如采用热熔造粒后再生利用的方式，减少燃烧带来的碳排放。

→ **源头减量**

海岛固废的源头减量可以减轻后续收集、转运和末端处理的压力，可采取以下措施：

①净菜进岛，选择轻便、可重复利用的包装材料；

②鼓励岛民养成可持续的消费习惯，少买少存；

③可适当通过财政奖励提升定海乡村固废回收利用率，减少末端处理量；

④完善海岛收运固体废弃物的基础设施，以村为单位开展固废治理的宣传教育活动，改变村民随意乱扔垃圾的习惯。

图 5-2-27　农业生产中使用的塑料薄膜

案例 1-8：畜禽养殖废弃物的再利用

位置：烟墩村	实施者：华晟牧场

SDGs 相关性：
SDG 12——采用可持续的消费和生产模式

净零碳原则相关性：
原则 7——提高固体废弃物的回收利用率；
原则 8——加强能源、水、食物和废弃物的循环

01　设计理念

华晟牧场占地面积为 20 万 m^2，其中建筑面积 5.6 万 m^2，配套种植面积约 10.4 万 m^2。牧场主要产品为生猪，由销售商自行拉运；同时生产的种植作物，主要由牧场内员工食堂自行消纳。

在能源消耗方面，牧场每年共需消耗电力 500 万 kW·h，主要来自国家电网、光伏发电以及自身沼气发电。主要耗电单元包括猪舍保温（图 5-2-28）、照明以及环保控制设施运行（臭气处理）。

除此之外，牧场在饲料运输（图 5-2-29）和猪舍保温环节分别消耗柴油 28.8 万 L 和 14.29 万 L。在水资源消耗方面，养殖环节供牲畜饮用自来水。除此之外，厂区内建有一座设计规模 400$m^3 \cdot d^{-1}$ 的污水预处理设施，污水经厌氧和生化处理后 2/3 经纳管进入污水处理厂，1/3 用于厂区内农作物的灌溉（图 5-2-30）。

华晟牧场投资 1400 万元，与专业公司合作，共同开发和承建了粪污无害化处理系统，自设有 5 个容积为 120m^3 的猪粪发酵罐，利用智能高温畜禽粪便发酵罐和污水厌氧发酵再进行 A_2O 的生物处理模式，使得污水处理后可达到国家规定标准。

猪粪经过生物发酵后制成有机肥，正常生产条件下有机肥产量约为 20t/ 天，肥料产品的含水

图 5-2-29　饲料运输车辆

率约为 30%，其中部分产品用于厂区内的种植活动，其余打包销售给当地种植户，销售量约为 3000t/ 年。

猪产生的尿液，经过处理后可用于牧场蔬菜种植。

02　低碳效益

根据牧场每年生猪存栏量，牧场每年产生的碳排放量主要来自于饲料全生命周期排放以及生产运输中的能源消耗。牧场通过优化能源管理，充分使用可再生能源，降低牧场碳排放。

▶ 使用屋顶光伏

华晟牧场在屋顶安装光伏设备，产生的电力供牧场生产使用。安装光伏屋顶总面积约为 14300m^2，光伏总装机容量为 1573.42kWp（图 5-2-31、图 5-2-33）。

用标准日照小时法来计算光伏发电量，舟山市年有效日照时间为 1430.9h，系统效率选取数值 80%，光伏年发电量为 180 万 kW·h。

牧场 2020 年全年用电量为 662 万 kW·h，而且每日用电负荷稳定，光伏发电量基本可以被本地消纳。按照减排因子 0.69$kgCO_2e \cdot (kW \cdot h)^{-1}$ 估算，每年可以减少碳排放 1242tCO_2e。

图 5-2-28　猪舍保温

图 5-2-30　华晟牧场有限公司"能源—水—食物"循环及碳排放分析

同时，钢筋混凝土平屋顶无须因安装光伏改造结构，按照 4 CNY/W 的投资单价计算，共需要投资 629 万用于建设光伏。按照电价 0.8CNY/（kW·h）计算，每年节省电费 144 万，约 5 年可收回成本。

→ **使用生物质能**

华晟牧场利用沼气发电满足自身能源需求（图 5-2-32），其中沼气发电的产电量约为 103.68 万 kW·h/ 年，有效降低能源消耗过程中的碳排放量，年碳减排量可以达到 284.71tCO$_2$e。

图 5-2-31　屋顶光伏

图 5-2-32　智能高温畜禽粪便发酵罐

图 5-2-33　华晟牧场屋顶光伏安装区域

03 优化建议

⊙ 做好能源分项计量

分项统计生产、运输、存储设备以及生活用电设备的耗能，便于及时发现能耗增加异常，减少非必要的能源消耗。

⊙ 光伏发电可视化平台管理

由于生猪养殖严格的防疫要求，建议提升可再生能源可视化、智能化水平，建设显示光伏发电的可视化平台，同时开发 PC 端与手机端 APP。通过平台随时了解牧场不同情况下的光伏发电状况，方便能源的即时管控与调配。

同时，物联网、云服务和大数据技术等的应用，为光伏电站全生命周期内提供了大数据分析和智能运维的可能。

⊙ 提高有机肥的质量稳定性

目前牧场在有机肥生产过程中，对原料、生产过程的控制还是以人工经验为主。提高有机肥的品质，需要更加科学的生产工艺和配比，以保证稳定的产品质量。

5.3 乡村低碳产业发展案例

5.3.1 推进农业产业低碳化

案例 2-1：打造低碳农场

位置：小沙街道	实施者：怡然生态家庭农场

SDGs 相关性：
SDG 12——采用可持续的消费和生产模式

净零碳原则相关性：
原则 8——加强能源、水、食物和废弃物的循环

01 设计理念

舟山市定海区小沙怡然生态家庭农场占地面积约 13.3 万 m^2，主要从事各种蔬菜瓜果种植与销售，兼顾适量的生态养殖家禽。怡然农场是舟山市首家以有机方式种植管理的果蔬农场，坚持种养结合、秸秆还田，不使用化肥、化学农药，于 2018 年取得有机认证证书。同时，积极探索 CSA（社区支持农业）模式，打造舟山市首家互联网农场，使用"网上销售＋本地配送"模式，客户可在线实时了解农场生产情况，在网上预定农产品后，农场当天（次日）在采收、包装后，下午直接配送到家。

02 低碳效益

改造前碳排放情况

在进行低碳农场改造前，农场每年共消耗电力 30000kW·h，用于灌溉、冷藏储存以及小部分生活用能，其中储藏果蔬的冷库用电占比最大。同时使用车辆进行产品配送，每年消耗汽油 5475L。农耕作业机器每年消耗汽油 50L、柴油 150L。农场灌溉用水约为 25880m^3/年，来源于附近河道。农场使用全有机肥种植，其中外购有机肥 60~70t，自行堆肥 10~20t。农场蔬菜产量约为 70t/年，水果产量约为 30t/年，产生碳排放量为 36.99tCO_2e（图 5-3-1）。

图 5-3-1 改造前投入产出及碳排放分析

低碳改造项目

2022 年，怡然农场推进低碳改造，包含新能源使用、有机肥堆肥、生活污水回田灌溉、提升保温性能、零碳数字化平台等相关项目，项目分布如图 5-3-2 所示。相比于改造前，农场每年可以实现减排约 85tCO$_2$，产生了较好的经济、社会及环境效益，也发挥引领示范作用。

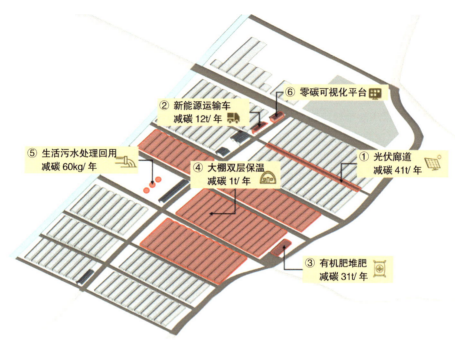

图 5-3-2　农场改造项目分布情况及减碳效益

1）光伏廊道

农场在大棚通道上架设 110 片太阳能电池板，共投资约 30 万元（图 5-3-3）。光伏总峰值功率 60.5kW，采用自发自用、余电上网方式。按照舟山往年日照水平，一年取 1000 小时计算，每年发电量约为 6 万 kW·h，基本满足农场日常运行、冷库存储等的用电需求。根据国家发改委公布的《2019 年度减排项目中国区域电网基准线排放因子》[36]，农场每年通过光伏发电可以减少约 41tCO$_2$。

图 5-3-3　光伏通道安装前（左）及安装后（右）

2）新能源运输车

农场提供产品配送服务，使用 2 辆面包车配送，总油耗 5500L/年，油费约 4.4 万元/年。将燃油送货车辆更换为 2 辆新能源面包车（图 5-3-4），每年用电 7300kW·h，每年电费约为 5000 元，每年降低碳排放约 12t。

图 5-3-4 新能源面包车与充电桩

3）大棚双层保温

改造前，在每年 10～20 天最寒冷时间里，农场需要使用燃料给大棚内保温，消耗柴油约 500L。农场结合 10284m² 的大棚提升改造，增加双层膜保温（图 5-3-5）。改造后，这些双层膜保温大棚基本不需要燃料取暖，每年减少碳排放约 1t。

图 5-3-5 农场大棚的双层保温改造前（左）及改造后（右）

4）有机肥堆肥

改造前，农场需要外购有机肥 60～70t（图 5-3-6）。通过增设堆肥设施，循环利用木材、秸秆等固体废弃物，每年可生产约 200t 有机肥，相比燃烧秸秆减少约 31tCO_2 排放。除去满足自身使用有机肥需求，农场可售卖约 100t 有机肥。

6）零碳可视化平台

农场建设零碳可视化平台（图 5-3-8），以物联网、云服务和大数据技术作为支撑，可以随时随地清晰知道园区当日光伏发电量、电动车用电量、生活污水处理量、农业废弃物利用量等，并对农场碳排放量进行统计分析。

图 5-3-6　堆肥示意图

图 5-3-8　能源数据可视化平台

5）生活污水处理回用

考虑到未来游客增加的情况下生活污水增加的情况，农场增设了分布式污水处理设施。污水处理设施使用无动力式 I-cell 反应器（图 5-3-7），采用固定式平板填料，运行几乎不需要动力（功率 120W）。设施埋于地下，污水经过厌氧/好氧处理后，通过泵提升至农场大棚浇灌回田。按照 1t/天生活污水处理量，全年相比于纳管处理减少碳排放约 60kg。

03　优化建议

➔ 完善能源分项计量

对能源进行精细化管理，将生产设备、运输设备存储设备以及生活用电设备耗能进行分项统计，便于及时发现能耗增加异常，减少非必要的能源消耗。

➔ 推进节能节水改造

结合设备更新，提升用能、用水设备的能源转化率。如将农场三级能效空调更换为二级及以上能效，农场冷库增加变频制冷机组，将抽水马桶、水龙头等用水器具更换为节水型器具等。

➔ 制作农产品碳标签

农场运行遵循低碳理念，未来可通过农产品碳标签进一步强化特色。基于分项计量和零碳可视化平台，计算每一类蔬菜水果的从生产端到消费端产生的碳排放，以标签形式告知消费者，增强消费者的可持续消费理念，体现农场有社会责任的生产态度。

图 5-3-7　I-cell 反应器示意图以及安装效果

案例 2-2：通过管理技术降低水产养殖碳排放

位置：小沙街道	实施者：旭旺养殖场

SDGs 相关性：
SDG 12——采用可持续的消费和生产模式

净零碳原则相关性：
原则 8——加强能源、水、食物和废弃物的循环

01　设计理念

旭旺水产养殖场（图 5-3-9）主要开展南美白对虾养殖，主要的耗能环节为养殖过程中池塘的曝气增氧以及供水、排水能耗。养殖场定期清理尾水处理产生的污泥，污泥在晾晒后由当地种植户自行运输至农田，作为有机肥回田。

图 5-3-10　养殖场供氧设备

旭旺水产养殖场抽取邻近海水（距离 400m）并进行处理，达到养殖标准后引入池塘，养殖大虾的大棚每 3 天进行一次换水，换水深度约为 30～50cm。按照养殖规律全年平均换水 30 次，用水量约为 104 万 m^3。由于养殖行业高标准的病害防控，养殖塘流出的污水经过厂区内的沉淀池、曝气池和消毒池处理后重新排放回海洋，基本不进行回用。虾塘采用精细化的管理措施，由于白天池塘的含氧量高于晚上，所以根据白天、晚上虾塘需氧（图 5-3-10）量分别设置曝气频率，从而有效降低生产能耗。

图 5-3-9　旭旺养殖场平面图

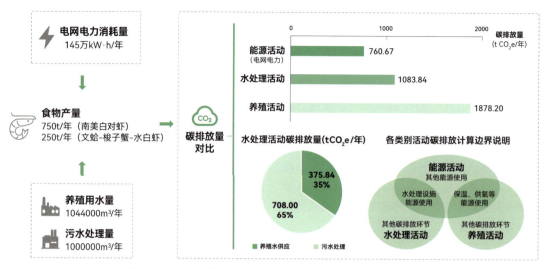

图 5-3-11 旭旺养殖场"能源—水—食物"循环及碳排放分析

02 低碳效益

旭旺养殖场每年共需消耗 145 万 kW·h 电网电力，产生碳排放 760.67tCO₂e。在水处理方面，供水环节的碳排放量约为 375.84tCO₂e/年；养殖过程产生的污水也须经过处理才可排放，水处理量约为 100 万 m³/年，污水处理过程的碳排放量约为 708.00tCO₂e/年，占水处理活动碳排放总量的 65.32%（图 5-3-11）。

综合经济收益和碳排放强度，水产养殖是海岛地区乡村较为适合的农业产业。可适当调整定海农村地区食物生产的结构，以水产养殖替代碳排放强度较高的畜禽养殖，从而在保证经济发展并满足本地食物需求的同时，减少定海乡村的碳排放总量。

03 优化建议

▶ 推进农业生产中新能源的使用

旭旺养殖场的养虾大棚是标准化的单元，每个单元长 65m，宽 25m，屋檐高度 2m，拱顶最高点 3.5m，大棚的屋顶总面积为 1625m²（图 5-3-12）。若安装光伏的面积按照 60% 计算，则全年可以发电 9.75 万 kW·h，减排 67tCO₂e。

如果采用在大棚之间的走道上方安装光伏的方案，可减少光伏钢结构屋顶改造的投资，每个大棚外侧走廊上方可安装面积为 80m²，年发电为 0.8 万 kW·h（图 5-3-13）。

▶ 提升养殖用水管理技术

通过技术改进减少换水次数，换水频率从 1~3 天/次改成 3~5 天/次，既降低了能耗，又减少了饵料的损失，还增强了虾塘内藻类的活性，充分利用了光合作用，减少了虾类对饵料的需求量；同时藻类也能吸收虾塘中的氮/磷类物质，进一步降低养虾过程中的碳排放。

图 5-3-12 旭旺养殖场大棚现状

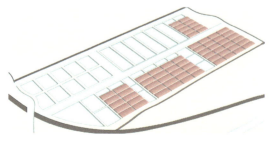

图 5-3-13 旭旺养殖场的光伏设施安装建议

案例 2-3：打造"定海山"本地农产品品牌，建立农业碳排放管理平台

位置：定海区	实施者：定海区农业农村局
SDGs 相关性： SDG 12——采用可持续的消费和生产模式	净零碳原则相关性： 原则 8——加强能源、水、食物和废弃物的循环

01　设计理念

定海区通过公用品牌推广定海区乡村的优质农产品，服务定海农业产业的转型（图 5-3-14、图 5-3-15）。至 2020 年，已开发了 70 余个"定海山"品牌产品，升级打造当地农产品产业链，在生产基地端提升产品品质，保障农产品质量安全。在中间端更新包装，也给农户提供优惠补贴。

美丽乡村周和丰收节，对当地生产的农产品进行展示和推广，极大地提升了定海山品牌的知名度与影响力。

在"定海山"品牌基础上，定海区农业农村局建立了农业数字化碳排放管理平台。以碳盘查为核心，通过农商户收集并输入相关排放原始数据，对农业生产过程中产生的碳排放进行核算并汇总分析。运用区块链技术，将关键信息存储至区块链，防篡改，透明可信，对定海区农场进行碳排放大数据的运营与监管。

02　低碳效益

➔ 降低农产品碳排放

通过推广让更多消费者品尝定海本地优质的农产品，促进当地农业产业的发展的同时，减少了农产品长途运输、保存带来的碳排放。

➔ 促进农业产业绿色升级

农商户对自身生产过程中的碳排放情况进行分析，帮助农商户更加熟悉自身碳排放水平，并找出碳排放点，进而有针对性地优化经营管理（例如肥料的使用、发展低碳的生产技术等），以低碳促进农业产业绿色升级。

➔ 帮助政府、第三方机构等服务低碳农业

政府监管机构可对农业企业进行分级管理，给予碳排放低的企业更多的政策扶持，对于碳排放高的企业进行监管。同时，第三方服务机构也可根据不同企业的碳排放表现，给予不同的服务支持。

图 5-3-14　定海山农产品礼品套装

图 5-3-15　本地农产品推广活动

03 优化建议

→ **推进农产品碳标签**

通过对产品的碳排放进行计算，形成面向消费者的产品碳标签（图 5-3-16、图 5-3-17），使消费者在选择农产品时，对相应的碳排放一目了然，从而引导大众的低碳绿色消费。

→ **将碳普惠机制引入农业产业**

随着农业产业的低碳化，种植业也是创造碳汇的领域之一。可基于平台管理，对农场的绿色低碳行为以碳减排量的形式量化，并通过商业激励、政策鼓励或与减排量交易相结合等方式推进农业产业碳普惠工作。

图 5-3-16　英国食品的碳足迹标签 [41]

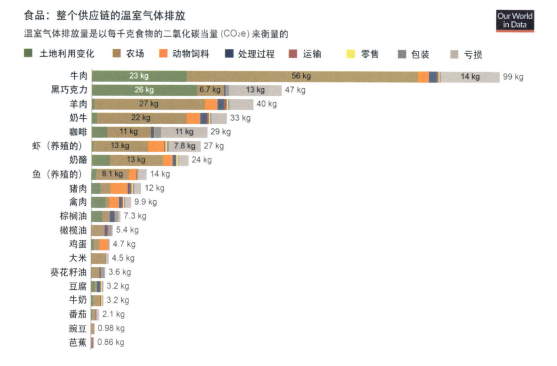

图 5-3-17　不同类型食物的碳排放 [40]

5.3.2 通过第一、二、三产业融合，提高村民收入

案例 2-4：结合当地渔民文化发展渔民画等手工业

位置：定海区新建村群岛美术馆	实施者：定海区新建村村委
SDGs 相关性： SDG 5——性别平等； SDG 12——采用可持续的消费和生产模式	净零碳原则相关性： 原则 9——把乡村打造成促进就业、休闲旅游的目的地； 原则 10——使村庄成为可持续发展的教育基地

01　设计理念

舟山渔民画是 20 世纪 80 年代发展起来的舟山民间绘画。作者绝大部分都是渔家儿女，作品反映了渔民日常生活情景、生产场景和海岛民间传说等，具有原汁原味的大海情感（图 5-3-18）。

为了发展海岛乡村特色旅游，新建村书记引入艺术家入驻乡村，为艺术家提供专属的工作室空间。工作间原为妇女服装加工基地，随着小规模服装加工逐渐在市场失去优势，新建村书记将该空间改造为群岛美术馆，为艺术家提供创作空间，同时也鼓励村里妇女劳动力的参与，增加家庭收入。

02　低碳效益

渔民画多由当地妇女制作。艺术家工作室对赋闲在家的妇女进行培训，丰富了渔民日常生活。渔村村民将自身从事渔业的经历、渔业文化等融入渔民画，使用蛋壳、贝壳等当地特色的材料进行制作。随着旅游业的发展，渔民画也成为海岛的旅游纪念品之一，同时为当地女性增加了收入来源。

群岛美术馆的渔民画、漆画、船板制作的工艺品，以及由渔民画衍生的旅游商品，实现了对废弃渔船木材、天然贝壳、石片的回收利用，在创作精美作品的同时，也推广了低碳可持续发展理念。

03　优化建议

塑料、渔网等会对海洋生态环境造成不可逆的影响，可在海岛地区引入专业的第三方机构，推广对塑料、渔网的可再生利用，将其制作成为具有当地特色的海岛乡村旅游纪念品，对推动海岛文化、海岛乡村振兴具有重要意义。

图 5-3-18　新建村渔民画展示

案例 2-5：在种植业基础上开展农业教育培训

位置：马岙村	实施者：新青农果蔬专业合作社
SDGs 相关性： SDG 12——采用可持续的消费和生产模式	净零碳原则相关性： 原则 10——使村庄成为可持续发展的教育基地

01 设计理念

定海区新青农农场建立于 2012 年 7 月，位于马岙街道马岙村，总面积 13 万 m^2。农场打造的心亲侬研学教育基地（图 5-3-19），面向学校、企业等，每年总共接待中小学学生 1.2 万人、企业团建及散客 0.9 万人。开展农业教育的主要时间为 3 月到 5 月，10 月到次年 1 月。

参与者将共同参与水稻、玉米等常见农作物的育种、栽培、施肥、收割、脱粒、加工等过程。在参加劳动实践、体验农事生活的同时，开展项目式的探究活动。对于农场农业教育的品牌化打造，农场专门建立"心亲侬农场"公众号发布活动信息。基地被授予"浙江省中小学研学教育基地"的认证，与定海小学教育集团共同打造"智慧农艺园"STEAM 的教育品牌，融合了科学、劳技、艺术、中医药与健康等学科，以项目化形式开展农艺探究实践活动。

02 低碳效益

▸ **发展低碳产业，提升种植业产值，促进就业**

农业教育主要在户外开展，对能耗的需求较低，是适合乡村发展的低碳产业。通过对比，新青农农场农业教育所产生的产值约占总产值的 60%（表 5-3-1），亩均产值为普通农场的两倍。同时，农场通过聘请具有丰富经验的农业教育老师，邀请专业第三方定制课程内容，带动了相关的就业和低碳的农业教育产业发展。

03 优化建议

▸ **打造低碳农场**

通过定海区的低碳农场管理平台，在第三方专业机构的指导下进一步挖掘减排潜力，应用低碳、高效的农业生产技术，降低农场碳排放强度，选择特色农产品制作产品碳标签。

▸ **进一步打造低碳农业教育**

除了以农业知识教育作为培训主题外，以低碳农业为主题开展的相关教育培训，丰富了农业教育课程，延长了低碳教育的影响链。

图 5-3-19 农场根据季节举办各类农业学习活动

定海区种植业产值对比　　　　　表 5-3-1

农场名称	产业类型	面积（亩）	年产值（百万元）	雇员（人）	亩均产值（万元/亩）	人均产值（万元/人）
新青农果蔬专业合作社	种植业+农业教育	200	4	10	2	40
蔬菜合作社 1	仅种植业	90	1	8	1.11	12.5
蔬菜合作社 2	仅种植业	100	1	7	1	14.2

5.3.3 以"净零碳"为主题发展乡村旅游、休闲产业

案例 2-6：在旅游开发中保护碳汇

位置：新建村南洞艺谷	实施者：定海区旅游开发公司
SDGs 相关性： SDG 4——确保包容和公平的优质教育，让全民终身享有学习机会 SDG 12——采用可持续的消费和生产模式	净零碳原则相关性： 原则 9——把乡村打造成促进就业、休闲旅游的目的地； 原则 10——使村庄成为可持续发展的教育基地

01 设计理念

南洞艺谷陆域面积 3km²，三面环山，一面临海，拥有自然的生态野趣和乡村农趣。南洞艺谷景区的仙踪林是专供亲子旅游的绿色游乐场（图 5-3-20）。在保护林地、保留原有树木的基础上设计了一系列亲近自然的亲子体验项目。每年服务游客超过 12000 人次，不仅传播了亲近自然的理念，还促进了当地居民就业。

02 低碳效益

➢ 充分利用树木的固碳效益

在开发中，园内保留的树木可以储存超过 $3000tCO_2e$，带来的固碳量有利于减缓气候变化，同时绿植遍地的生态环境还能起到涵养水源、调节气候等其他生态服务价值。

➢ 建立与自然的联结，提高生态环保意识

仙踪林游乐园通过设计成为在地的乡村探索乐园，让小朋友亲近自然，切身体会原生态之美，建立与自然的联结。提供无动力游乐设施供亲子游乐使用，既锻炼了小朋友的运动能力，也没有能源消耗。景区提供步行栈道和景区电瓶车道供游客前往乐园，引导游客体验低碳出行。

03 优化建议

➢ 打造环境教育基地

建议将仙踪林的休闲平台打造成更多元化、辐射群体更广泛的多功能可持续发展教育基地。可与环境教育、自然体验等相关机构合作，定期开展面向孩子的环保游戏和低碳小课堂，让孩子带动家长参与其中。通过体验式互动提升游客的低碳环保理念，实现旅游的低碳化。

➢ 传播海岛特色的农耕饮食文化

依托游乐场周边农田开展农耕文化体验活动，在当地农作物播种的季节划分专门的体验区，游客可以认领部分土地并领取作物的成长手册，通过公众号了解作物每周的动态，到成熟的季节后可收获自己的农产品。通过让游客亲身体验的方式，形成更低碳健康的饮食习惯。

图 5-3-20 开发中保留树木

图 5-3-21　五联村刺山村露营基地

案例 2-7：发展户外露营产业

位置：五联村刺山岛	实施者：秘境民宿团队
SDGs 相关性： SDG 12——采用可持续的消费和生产模式	净零碳原则相关性： 原则 9——把乡村打造成促进就业、休闲旅游的目的地； 原则 10——使村庄成为可持续发展的教育基地

01　设计理念

露营是目前在中国刚刚兴起的户外休闲产业，非常受年轻人的喜爱。五联村刺山岛是一个几乎无人居住的岛屿，基于海岛的风貌、资源、文化特点和优势，秘境民宿在五联村刺山岛打造了海岛露营基地（图 5-3-21、图 5-3-22），以海岛露营的形式发展旅游产业。通过海岛特色活动，充分传播了海岛渔民文化，推广了低碳休闲旅游方式，同时也带动了当地休闲旅游、健康体育等产业的发展。

02　低碳效益

➔ 对自然环境的影响小

户外活动是与自然亲近的过程，搭建的临时

图 5-3-22　露营实景图

帐篷，由于不需要固定建筑的建造，减少了旅游设施建设、运营以及废弃等过程产生的碳排放。同时，露营活动不存在对土地和地表植被永久性的破坏和影响，最大限度地保护了自然碳汇。

⊙ 推动乡村旅游产业发展

面对大量的旅游休闲需求，国内的露营产业快速发展，营地目前每天可以接待 18 人，已经供不应求。露营产业未来还有很大的发展潜力，也将成为海岛乡村低碳旅游发展的方向之一。

03 优化建议

⊙ 解决海岛供水、垃圾管理问题

海岛淡水资源不足，岛上仅有一个水塘（图5-3-24），露营产业面临着生活用水缺乏的问题。未来需要通过分布式的水处理设施，结合新能源，为海岛露营产业提供低能耗的供水和污水处理系统。

可以采用以超滤为核心的净水技术。超滤净水技术是单纯的绿色物理分离技术，被称为"第三代饮用水净化工艺"，能够有效解决第一代和第二代工艺中存在的化学安全性和微生物安全性问题，是目前饮用水净化领域中的主流先进技术（图5-3-23）。

⊙ 倡导低碳露营

海岛缺乏垃圾处理设施，垃圾处理能力有限。露营过程不可避免地造成水资源的消耗和废弃物的产生。需要对露营从业者和游客进行低碳教育，倡导可持续的生活方式。鼓励在露营中节约能源、资源，在露营结束时带走产生的垃圾，甚至自发清理更多本地的废弃物。

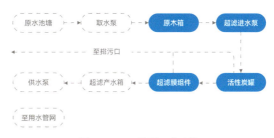

图 5-3-23 处理工艺建议

图 5-3-24 刺山岛水塘

案例 2-8：发展户外徒步运动产业

位置：新建村	实施者：定海区旅游开发公司

SDGs 相关性：
SDG 12——采用可持续的消费和生产模式

净零碳原则相关性：
原则 9——把乡村打造成促进就业、休闲旅游的目的地
原则 10——使村庄成为可持续发展的教育基地

01　设计理念

定海区旅游开发公司依托定海山海特色，设计了连通定海区乡村的登山步道，其中从新建村村口起约 55km 的海岛登山步道，每年举办"神行定海山"全国徒步大会（图 5-3-25）、海岛极限越野赛等各类户外赛事，每场活动可吸引 5000 多名户外运动、旅游爱好者参与。

提升步道连通性

步道改造前各路径的连通性较差，原路徒步难度系数较高，同时缺乏帮助市民自行登山的导视系统。因此，步道设计统筹步道路线规划，使步道系统内无断路、无死路，并与其他道路、景点相连接形成环路。

使用本地材料

根据不同的区域、地形、地貌、自然景观资源等条件，选用不同的设计。步道路面以原地泥石路为主，根据施工现场的地形与素材，辅以卵石道、砾石道、石板台阶路、土石台阶等其他辅助类道路（图 5-3-26~图 5-3-28）。

沿路服务保障设施设计

在适当的间隔距离设置休憩站、配套服务设施和安全救援设施，体现人文关怀。接待站和休息站建筑外窗采用热工性能、气密性良好的节能塑钢窗，减少建筑物热量消耗。配套服务设施主要包括步道服务中心、休息点、观景台、庇护所等。配置的安全救援系统主要包括预警、救援等功能。

图 5-3-25　徒步登山大会

02　低碳效益

登山步道是在古驿道和废弃步道基础上的重新利用，尽量保持原有风貌，减少了对地表植被的破坏。结合现场地形与本地材料来修筑登山步道，减少了人造建筑材料生产与运输过程中的碳排放。

03　优化建议

➔ 加强日常的管理与维护

建立健身步道长效管养机制，确保步道设施的安全性。同时通过维护的方式，延长步道以及配套设施的使用寿命，减少步道设施全生命周期的碳排放。

➔ 提升设施的完整性

增加配套的生态化公共卫生设施，修建蓄水罐，搜集净化后的雨水作为厕所用水来源。

➔ 完善标识标牌

设置指示牌，更好地服务户外活动人群。通过宣传教育标识，提升市民徒步、踏青、露营过程中的生态环保意识。

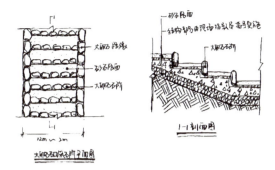

图 5-3-26　大卵石砌筑石阶的路面

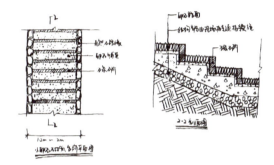

图 5-3-27　小卵石砌筑石阶的路面

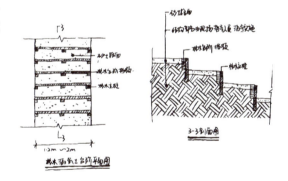

图 5-3-28　杉木插筑土台阶的路面

案例 2-9：为游客提供电动公交旅游专线

位置：定海区旅游公交线路	实施者：定海区交通运输局
SDGs 相关性： SDG 7——确保人人获得负担得起的、可靠和可持续的现代能源； SDG 12——采用可持续的消费和生产模式	净零碳原则相关性： 原则 5——增加可再生能源的利用

01 设计理念

随着近些年的旅游开发，来到马岙村的游客越来越多。为满足游客的出行需求，定海区为游客提供了更便捷的服务，开通了舟山汽车客运中心——马岙北海小区的旅游线路游 1 路（Y1）（图 5-3-29）。

游 1 路起讫站为舟山汽车客运中心和马岙北海小区，贯穿盐仓、定海主城区及马岙区域，是马岙连接定海及盐仓客运中心的主干线路，线路总长 20km，日发班次 38 班，日承运旅客约 1600 人（疫情后降低为 700 余人），运营时间为早 5：40 至晚 8 点。共有运力 9 辆，全部为电动公交车。

车上还配有残疾人导乘翻板、可升降式气囊、轮椅固定板和手机 USB 充电插座等装置，为乘客提供舒适、温馨的出行体验（图 5-3-30）。

02 低碳效益

从公交车全生命周期碳排放的角度考虑，一辆纯电动公交车全生命周期 CO_2 排放量为 1103.237t，而一辆柴油公交车全生命周期 CO_2 排放量为 1401.319t，相对可减少约 21.3% 的公共交通碳排放。同时，每辆电动公交车每年相较于柴油车可节约 3 万元的运行费用。

03 优化建议

推行定制路线的公交：游客、村民的出行时间并不是均匀的，固定时间发车会出现空车现象，随着信息化和智能化终端的普及，建议开发公交定制 APP，通过让游客和居民提前预约，更好地匹配公交车资源需求，实现精准服务，减少空车导致的能源浪费。

图 5-3-29 电动公交行驶路线

图 5-3-30 电动公交车

5.4 乡村低碳生活案例

5.4.1 为乡村制定低碳的空间规划

案例 3-1：以净零碳为目标制定乡村振兴规划

位置：新螺头村黄沙岙	实施者：同济大学、盐仓街道、秘境民宿团队

SDGs 相关性：
SDG 11——建设包容、安全、有抵御灾害能力和可持续的城市和人类住区

净零碳原则相关性：
原则 2——将开发建设项目集中在混合用途的节点周边；
原则 4——减少建筑隐含碳排放；
原则 6——完善水循环系统；
原则 9——把乡村打造成促进就业、休闲旅游的目的地

01 设计理念

黄沙岙是位于盐仓街道新螺头村的一个自然村。黄沙岙背山面海，交通便捷，具有发展乡村旅游业的良好自然以及社会经济条件，当地政府邀请同济大学为黄沙岙制定净零碳目标下的乡村振兴规划方案（图5-4-4）。

黄沙岙未来主要将推动低碳旅游产业的发展。因此，从功能布局上，低碳民宿体验区主要为游客提供住宿服务，低碳村民生活区主要为当地居民居住区。低碳休闲活动区为游客与村民提供各类服务设施，同时举办低碳农业教育、低碳手工活动、低碳展览等乡村休闲活动。低碳交通服务区主要为游客、村民提供转、停车服务（图5-4-1）。

02 低碳效益

⊙ 打造低碳的乡村建筑

民宿的居住建筑均由废弃的民居改造而来，多使用当地的木材以及石材，可降低建筑材料隐含的碳排放。

对于新建的旅游服务设施、美术馆、村民活动中心等公共建筑，以超低能耗建筑的要求选取建筑材料，并设计建筑采暖、供能的方式。

对于村民自住建筑，鼓励村民加固房屋门窗，更换更高效的空调等电器。

⊙ 促进居民和旅游服务共享

在民营资本的推动下，黄沙岙开始发展民宿产业。在发展民宿产业的同时配套建设各类乡村基础设施，包含书店、咖啡馆、公共厕所、电动车充电桩、洗车设施等。通过合理布局，使各类服务设施在服务旅游产业的同时，也能服务到本村的村民（图5-4-2）。

⊙ 打造低碳的交通出行体系

设置集中停车场和中转停车场，分别服务长期居住和短期旅游两种不同的需求。通过规划村内车行道路和步行道路，实现乡村范围内的人车

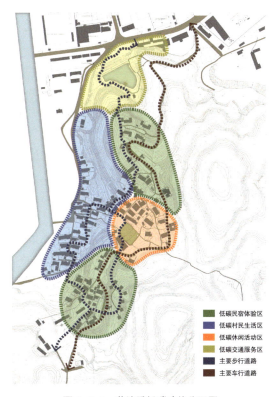

图 5-4-1 黄沙岙低碳功能分区图

分流，在村内实现无车的居住环境，并鼓励低碳出行。

> **完善乡村水循环体系**

设置储水罐，将存储的雨水用于公共厕所冲厕。冲厕水流经人工湿地被处理后，回田到下游的生态有机田。

星月湖除了作为景观用水，其储存的雨水还可用于下游停车场洗车，从而为来此体验民宿的游客提供洗车服务。

> **发展低碳教育**

在建的美术馆将打造为零碳美术馆，除了建筑本身是净零碳建筑，美术馆内也会展示各类低碳理念的艺术作品，同时预留空间以组织低碳教育活动。

依托乡村本地特色，位于休闲活动区内的一片景观农田，开展低碳农业教育的体验活动。

03 优化建议

> **建立能源管理系统**

在民宿内部，建立一套建筑能源监控系统BEMS（Building Energy Management System），跟踪、评估民宿以及公共建筑的能源使用情况，从而提高能源的使用效率。

> **打造一条低碳旅游线路**

结合现有规划分步设计、建设净零碳的点位，并打造一条串接乡村净零碳点位的路线（图5-4-3）。同时，设置描述每个点位的讲解牌，使得游客和居民可以学习其中应用的低碳理念和技术。

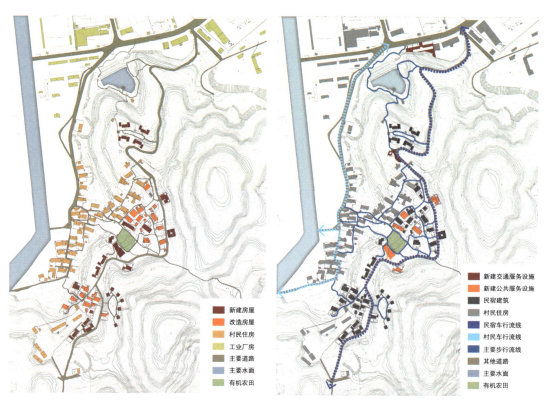

图5-4-2 黄沙岙新建、改造建筑分布　　　　　图5-4-3 黄沙岙生活服务设施

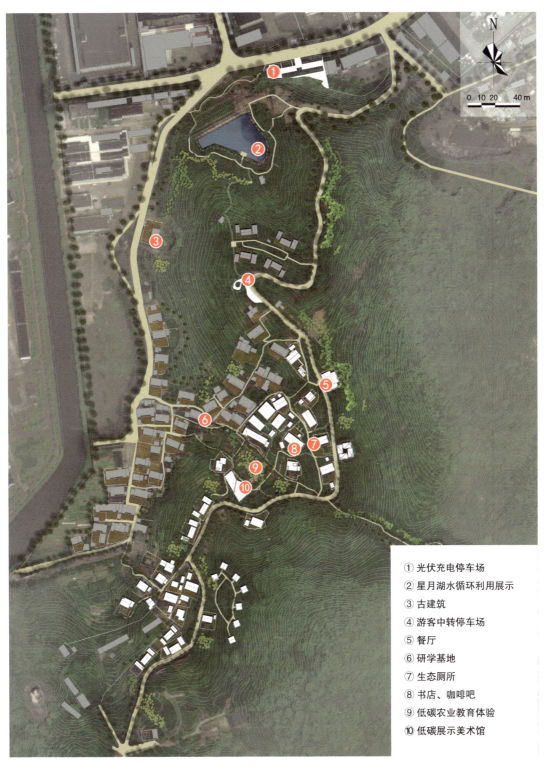

图 5-4-4　黄沙岙净零碳特色点位分布图

案例 3-2：以低碳理念完善村庄布局优化

位置：新建村	实施者：舟山市城市规划设计研究院

SDGs 相关性：
SDG 11——建设包容、安全、有抵御灾害能力和可持续的城市和人类住区

净零碳原则相关性：
原则 2——将开发建设项目集中在混合用途的节点周边

01 设计理念

新建社区位于舟山市定海区干览镇南部，由黄沙、里陈、南洞三个自然村组成，村域行政范围总面积 4.5km²。新建社区委托舟山市城市规划设计研究院完成了《新建社区村庄规划（2015—2030）》，对新建社区空间布局进行了优化设计（图 5-4-5）。

梳理与整合乡村的住宅用地，起到集约用地的作用，提高村庄基础设施的服务效率。完善和提升复合功能的公共服务设施，尽可能改造提升原有的建筑或设施，并布局综合服务中心、农村连锁超市，新设农村淘宝店、邮政、电信等代办点。规划便捷舒适的慢行交通系统（表 5-4-1），内部道路以人行交通为主，车行交通为辅，并适当改造路面，协调周边建筑风貌，增加村内特色景观。

将休闲登山步道与村内道路串联，为游客、居民提供良好的健身休闲服务，并在村域内设置相应的特色驿站，为游客提供休憩服务。

02 低碳效益

➔ 公共服务设施完善 15 分钟可达，减少交通碳排放

至规划期末，新建社区常住人口为 1684 人，根据旅游总体规划测算，新建社区游客人数最高为 1000 人/日。规划建设用地面积为 39.13hm²，居住密度为 68.59 人/hm²，满足联合国推荐的 50~70 人/hm²，属于较为适宜的居住密度。

新建村通过功能布局规划，将基础设施设置在村民、游客 15 分钟可达的范围内，减少了机动

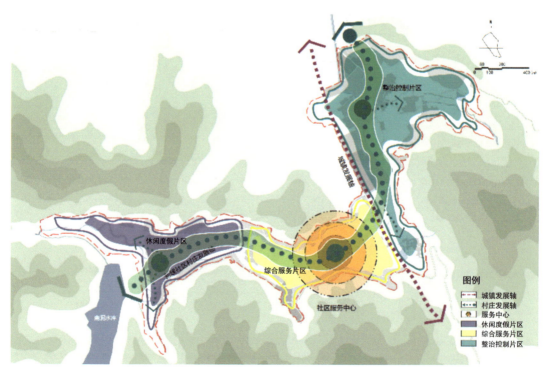

图 5-4-5 新建村片区规划

车的使用需求。同时，改造村内路面，修建步行专用道路（图5-4-6），形成具有乡村风貌特色、尺度宜人的步行系统，增强了村民、游客的步行意愿。鼓励低碳出行减少了由于机动车出行产生的碳排放。

为低碳产业发展提供空间

新建社区统筹村域第一、二、三产业发展和空间布局，合理确定一般农作物种植区、集中农业生产片区和乡村旅游发展区等产业的选址。同时，为推进文化创意产业、乡村休闲度假产业的发展，预留了共计3.56hm^{2}的空间，占总建设用地面积的比例为9.10%，为产业结构升级做好准备。

03 优化建议

提高新建、改建建筑的碳排放控制标准

从全生命周期来看，优先考虑以建筑更新代替新建，制定相应的管理标准，要求建筑选用生产过程中具有较低碳排放的材料。同时，建议选用当地的建筑材料，减少运输的碳排放，体现当地的文化特色。鼓励修建绿色低能耗建筑，减少建筑在使用中采暖、制冷的能源消耗。

进一步提高步行空间的系统性和安全性

目前，新建社区内部的步行环境良好，为进一步鼓励低碳出行，需要在居住区外部进一步完善步行系统，做好步行空间与机动车行驶空间的区分隔离，保障行人的安全。同时，设置机动车禁行和慢速行驶空间，打造连续、安全的步行系统。

各种交通方式的碳排放因子　　表5-4-1

交通方式	碳排放因子（gCO$_2$/km）
私人小汽车	178.6
摩托车	113.6
电动自行车	69.6
公共汽车	73.8
地铁	9.1
步行、自行车	0

图5-4-6　慢行步道

图 5-4-7 中转停车场效果图

案例 3-3：为民宿旅游区打造中转停车场

位置：黄沙岙	实施者：同济大学、盐仓街道

SDGs 相关性：
　　SDG 11——建设包容、安全、有抵御灾害能力和可持续的城市和人类住区

净零碳原则相关性：
原则 2——将开发建设项目集中在混合用途的节点周边

01 设计理念

随着黄沙岙民宿群的建成、运行，来此游玩的游客逐渐增多，造成了村内停车难、停车乱的问题。盐仓街道邀请同济大学团队为黄沙岙设计了一个停车场，解决了乡村原有基础设施不足的问题，也满足了各类游客的停车需求。

该停车场为一个中转停车场（图 5-4-7、图 5-4-8），可满足 8 辆车临时停车的需求，住店的客人可以将车开到距离民宿最近的区域，乘坐民宿提供的新能源电动接驳车前往预订的房间，管理人员再将客人的车停到山下较大容量的集中停车场。同时设置观景平台，服务游客临时停车观光的需求。通过这样的设计，保证了在黄沙岙居住区内部，仅有低速的电瓶车行驶，步行环境的安全性得到保障。同时，停车场车棚的太阳能光伏设施可以为电瓶车充电。

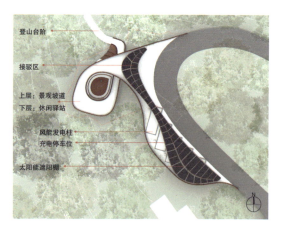

图 5-4-8 中转停车场功能示意图

02 低碳效益

> **建筑构造中不破坏地面绿化，使用可回收材料**
>
> 通过新型数字建筑构造技术，使得停车场建筑的构造充分利用现有的硬化路面，不破坏现有的山林绿化，实现了对自然生态的低影响。同时，构造中主要使用木结构、钢板等可重复利用的建筑材料，降低了建筑全生命周期的碳排放（图5-4-9）。

> **搭建太阳能—风能供电系统**
>
> 在停车场车棚设置光伏发电板，为景区的新能源接驳车充电（图5-4-11）。太阳能板面积约为118.67m^2，年发电量约为11867kW·h，每年减排约8188.23kgCO_2e。
>
> 在车棚顶端设置小型的风力发电设备（图5-4-12），用于夜晚停车场的路灯供电，为夜晚到达的游客、居民提供必要的照明。

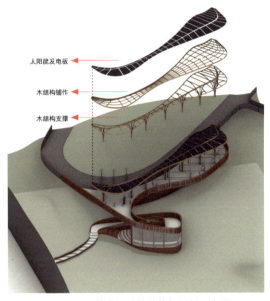

图 5-4-9　停车场建筑结构与材料示意图

图 5-4-11　光伏车棚示意图

> **搭建雨水回收系统**
>
> 利用螺旋坡道，结合坡道路径设置一定的倾角，使得雨水可以流入雨水回收池，处理后用于灌溉（图5-4-10）。

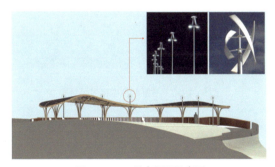

图 5-4-12　风电照明示意图

图 5-4-10　雨水回收系统示意图

案例 3-4：建设乡村集中停车场，打造无车居住区

位置：马岙村	实施者：马岙村村委
SDGs 相关性： SDG 11——建设包容、安全、有抵御灾害能力和可持续的城市和人类住区	净零碳原则相关性： 原则 4——减少建筑隐含碳排放

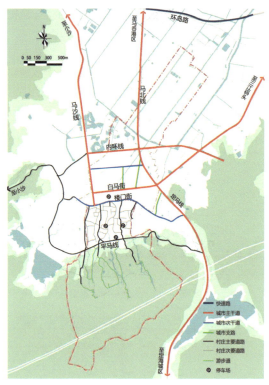

图 5-4-13　马岙村集中停车场分布

图 5-4-14　马岙村集中停车场

图 5-4-15　马岙村生态步道

01　设计理念

马岙村在乡村周围设置了多个集中停车场（图 5-4-13、图 5-4-14），停车场连通了公路和村内的步行道路，居民和游客需要将车辆停放在停车场，步行进入乡村居住区。停车场和居住区通过一条步行道路相连接（图 5-4-15），道路设计建设中考虑了整体的景观，同时利用生态化的设计，在方便行走的前提下避免道路硬化，提高了地面的透水性。

02　低碳效益

◯→ 打造乡村低碳生活区

通过机动车的集中停放，使得乡村内部成为以步行、自行车为主的低碳出行区，提升了村民、游客出行的安全性，也降低了使用机动车带来的碳排放。

◯→ 融入海绵城市理念

通过透水地面，在旅游开发、乡村基础设施建设中充分发挥自然系统的排水作用，避免了对乡村原有土地蓄水能力的破坏，提升了收集和利用雨水的能力。

03　优化建议

适时推动电动车充电桩和换电站等设施的建设：先于电动车充电需求的大幅增加，提前规划布局推动各村庄和景区新建充电桩和换电站等配套设施，避免发生电动车无处充电的困境，服务村民、游客，鼓励低碳出行。

5.4.2 降低乡村建筑全生命周期的碳排放

案例 3-5：将无人居住的民居改造为民宿

位置：新螺头村	实施者：秘境民宿团队，盐仓街道

SDGs 相关性：
SDG 11——建设包容、安全、有抵御灾害能力和可持续的城市和人类住区

净零碳原则相关性：
原则 4——减少建筑隐含碳排放

01 设计理念

新螺头村面临着人口流失和老龄化的问题，在本村居住的村民逐渐减少，大部分居民房屋处于空置状态，在街道和秘境团队的努力下，与村民商讨后，将空置的房屋进行为期 20 年的租用，打造成为一个民宿群（图 5-4-16）。

02 低碳效益

➢ 使用可回收的建筑材料进行改造

民宿在沿用原有建筑石头外墙和木质结构的基础上进行加固后，降低了建筑材料的废弃率。对于周围环境，如上山道路、公共区域的改造中，大量使用木材、石板等本地旧房建材和可回收的建材（图 5-4-17），提高建筑材料的回收利用效率，减少材料运输产生的碳排放。

➢ 推广被动式居住建筑

以 4 幢房屋为试点，通过合理选择建筑朝向、门窗位置，以及采用天窗采光等措施，尽可能实现被动式采光通风，降低建筑本身能耗需求。

图 5-4-16 改造过程中保留房屋原有的外围结构，并且多使用石材和木材等本地可回收利用的材料

图 5-4-17 充分利用可回收的建筑材料

图 5-4-18 民宿改造效果图与实景照片

03 优化建议

民宿团队具有良好的设计和技术应用水平,借助第三方的专业力量,在打造民宿过程中,向村民提供了使用新技术、新理念的低碳建筑样本,鼓励并帮助当地村民改善居住环境,降低生活能耗(图 5-4-18 ~ 图 5-4-20)。

图 5-4-19 利用自然采光

图 5-4-20 营造自然和谐的公共空间

案例 3-6：将废弃兵营改造为民宿

位置：新建村	实施者：定海区旅游开发公司

SDGs 相关性：
SDG 11——建设包容、安全、有抵御灾害能力和可持续的城市和人类住区

净零碳原则相关性：
原则 4——减少建筑隐含碳排放

01 设计理念

兵营再利用后设计的民宿位于定海区新建村，该建筑原是一处兵营（图 5-4-21、图 5-4-22），随着部队驻扎地点的改变，该处建筑随即遭到弃用。近年来，因为新建村依托自然风光和人文背景大力发展乡村旅游业，越来越多的游客慕名来到新建村，刺激了对当地酒店和民宿的需求。因此，结合实际需要，定海区旅游开发公司将原来的兵营改建为民宿。

兵营的改建是对乡村风貌、乡村历史文化的一种延续和发展。民宿建筑本身不是一栋看似简单的民居，它与周边乡村生活、环境有着不可分割的关系，需要与所在地文化理念积极融合，与周围的环境和场所和谐共生，并赋予周围环境与场所新的意义。

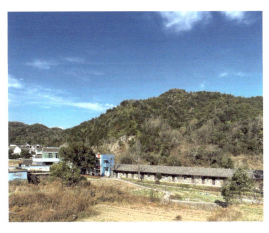

图 5-4-22 兵营与周边环境

02 低碳效益

➔ 保留建筑原有结构和立面

新建村兵营的建筑外围护结构保存完好，为减少资源和能源的消耗，仅调整内部陈设。根据浙江地区单栋建筑建材生产阶段，平均单位面积的 CO_2 排放量 590.9kg/m²，以及建筑材料运输阶段单位面积的 CO_2 排放量 76.7kg/m² 等相关数据估算，新建一栋与现有新建村兵营建筑面积 350m² 相同的民宿，其建筑隐含碳排放量约为 233.6t。

➔ 吸引游客入住，促进乡村旅游

由兵营改建的民宿具有独特的历史文化特色，吸引到新建村旅行的旅客入住，不仅解决了旅客的住宿问题，而且为新建村村民提供了新的就业岗位，增加了新建村的旅游收入。

03 优化建议

由于日照采光、建筑材料以及门窗材质等原因，民居建筑保温效果不佳。可以在室内使用壁挂炉，利用当地生物质能取暖等方式，提升旅游设施的舒适性，减少空调用电能耗。

图 5-4-21 兵营民宿正面以及建筑材料

案例 3-7：对乡村民宿进行能源管理

位置：新建村	实施者：定海区旅游开发公司、大乐之野民宿团队
SDGs 相关性： 　SDG 11——建设包容、安全、有抵御灾害能力和可持续的城市和人类住区	净零碳原则相关性： 　原则 4——减少建筑隐含碳排放

01　设计理念

大乐之野·南洞民宿（图5-4-23）位于新建村南洞艺谷景区的核心区域，通过与专业的民宿管理团队合作，盘活了低效资产，弥补了新建村高端民宿的空白（图5-4-24）。民宿使用多种节能技术和智能管理体系，在满足住客对现代功能和冷暖调节的需求下，打造出符合"净零碳乡村"生活理念的休闲居所，相比于上海酒店民宿可降低至少15.7%的运行能耗。[12]

图 5-4-23　大乐之野民宿

图 5-4-24　新建村鸟瞰图

02　低碳效益

⊙ 应用低碳建筑技术

民宿在建筑改造中使用双层中空玻璃（图5-4-25），使得室内对冷量的需求仅为原有单层玻璃的63.4%。应用排风热回收机组（Heat Reclaim Ventilator），回收排出气体的能量（图5-4-26），最大限度地减少了夏季或者冬季室内冷、热源的损失。使用空气能热泵热水器，能耗仅为普通电热水器的1/4、燃气热水器的1/3，而且由于电元件没有直接与水接触，因此不会有漏电的危险。

图 5-4-25　双层中空玻璃

⊙ 采用智能化的能源管理

房间的走廊和门廊的灯都设置了自动关灯系统，打开后15分钟内如果检测无人，就会自动关闭。

通过智能控制面板（图5-4-27）可实时就地或远程查看并调节室内温度，通过切换空调系统不同的送风形式和送风风量，可随时满足室内的不同需求。

图 5-4-26　排风热回收机组

03　优化建议

⊙ 挖掘可再生能源使用潜力，建立智慧化的能源管理平台

充分利用光热，增加太阳能热水系统与空气源热泵系统为民宿提供生活热水。增设智慧运行管理平台和能耗监测系统，使新民宿的冷热源系统运行得更加智能。

⊙ 向游客传递节能理念

增加大乐之野民宿内的节能提示标语，让游客在度假中培养低碳旅游的绿色理念。

图 5-4-27　智能面板

5.5 低碳乡村治理案例

5.5.1 多方合作，多元参与

案例 4-1：邀请第三方机构提供专业意见

位置：定海区	实施者：定海区委区政府；联合国人居署专家；同济大学团队
SDGs 相关性： SDG 17——加强执行手段，重振可持续发展全球伙伴关系	净零碳原则相关性： 原则 10——使村庄成为可持续发展的教育基地

图 5-5-1　定海与联合国人居署、同济大学签署合作协议

图 5-5-2　同济大学团队组织农户调研

01　设计理念

定海区委区政府邀请联合国人居署专家、第三方机构同济大学，基于联合国人居署发布的《净零碳乡村规划指南——以中国长三角地区为例》[12]（图 5-5-1），对定海区乡村实施十条原则的适应性进行分析。结合分析结果，提出适宜定海区自然地理和经济社会发展状况的净零碳乡村建设导则。

定海区政府自上而下的顶层政策设计和规划，使得定海区乡村可以有计划地、科学地、系统地分步推进乡村振兴工作，有效地推广自下而上的低碳发展案例。

02　低碳效益

联合国人居署专家的指导建议，使得定海区净零碳目标下的乡村振兴不仅考虑了定海自身乡村发展，也从更高的站位总结经验教训，为全球的海岛乡村提供了更具国际视野和使命担当的样本。

第三方团队同济大学通过调研、实地走访、资料搜集，客观地划分碳排放关键部门（图 5-5-2），制定碳排放清单，完善低碳治理机制，使得乡村振兴实践有科学、定量的基础和依据，并将新的技术和理念应用到乡村发展中。

03　优化建议

未来，邀请更多的专业化第三方机构参与乡村的建设和运营，比如专业化的低碳培训机构，保险机构、碳标签设计机构等，同时引入绿色金融投资。

案例 4-2：举办"净零碳"主题的美丽乡村周活动

位置：全区各村分布	实施者：定海区政府

SDGs 相关性：
SDG 13——气候行动

净零碳原则相关性：
原则 9——把乡村打造成促进就业、休闲旅游的目的地
原则 10——使村庄成为可持续发展的教育基地

01　设计理念

为推动定海区乡村的建设与发展，定海将每年的 5 月 25 日设置为"美丽乡村周"，选取一个乡村作为主会场，多个乡村作为分会场，围绕乡村文化、旅游、产品等开展特色活动。

2021 年，定海区以"净零碳"为主题开展乡村活动，各个乡村挖掘自身特点，组织与净零碳主题相关的活动，展示乡村与净零碳相关的工作成果（图 5-5-3、图 5-5-4）。包含活动组织人员、村民、游客等的参与人员，共计约 10 万人次。

02　低碳效益

各个乡村通过举办各类"净零碳"主题的特色活动，乡村基层干部用自己的方式理解净零碳乡村是什么，以及从哪些方面开展。

同时通过户外乡村休闲活动，如乡村越野跑、乡村音乐节，推广本地农产品、环保可持续的文创产品，如环保帆布袋（图 5-5-5）、玻璃杯（图 5-5-6）等，在推动乡村旅游产业发展的同时，向游客传达乡村净零碳的理念，鼓励村民、游客践行低碳，减少塑料等一次性物品的使用。

图 5-5-3　户外乡村跑步活动

图 5-5-5　双层环保袋：外层采用环保材料杜邦纸，内层采用耐磨耐脏的帆布

图 5-5-4　户外音乐节

图 5-5-6　环保玻璃水杯：采用易于散热的玻璃材质，一起开始减塑行动

案例 4-3：以无包装商店传递可持续消费的理念

位置：马岙村	实施者：马岙村

SDGs 相关性：
SDG 12——采用可持续的消费和生产模式

净零碳原则相关性：
原则 7——提高固体废弃物的回收利用率

01　设计理念

马岙村的净零碳生态建筑衣果铺，是当地开创性打造的无包装商店（图 5-5-7），利用玻璃罐子等作为商品的容器，减少了外包装带来的资源浪费和环境污染，通过倡导顾客自备容器、不使用商品包装纸等的方式，推广净零碳理念，同时店铺还向村民回收清洗干净的玻璃瓶。衣果铺还开展碳积分活动，回收利用再生资源制作成工艺品，呼吁更多人加入践行低碳生活的队伍中来。

02　低碳效益

全球每年大约有 800 万 t 塑料进入海洋。研究显示，仅在京津冀地区，食品包装占到市政固体废弃物的 15.7%，其中六成以上是塑料袋和塑料盒。[42] 无包装商店的运行，可减少包装产生的垃圾，并且倡导不使用包装的消费行为，有着巨大的低碳潜力。

03　优化建议

当地社区以"无包装商店"衣果铺等促进可持续消费的设施为基础，继续推广其他服务业产业的无包装、循环包装等可持续升级改造的举措（图 5-5-8）。

图 5-5-7　无包装商店外部

图 5-5-8　无包装商店内部

案例 4-4：提供"净零碳乡村贷"绿色金融服务

位置：马岙街道	实施者：定海海洋农商银行

SDGs 相关性：
SDG 17——加强执行手段，重振可持续发展全球伙伴关系

净零碳原则相关性：
原则 9——把乡村打造成促进就业、休闲旅游的目的地；
原则 10——使村庄成为可持续发展的教育基地

01 设计理念

"净零碳乡村贷"金融产品遵循定海"净零碳"乡村发展理念，围绕乡村土地空间利用、水资源循环等 9 大路径的相关设计，研发的绿色贷款业务，暂定总体信贷规模约 10 亿元，用于全面支持定海乡村的"净零碳"发展建设。

02 低碳效益

定海海洋农商银行与马岙街道签订全市首个"净零碳乡村贷"授信协议，并与马岙街道马岙村、小沙街道光华村、小沙街道余家村等 6 个"净零碳"示范点达成意向贷款协议。马岙"净零碳"项目建设单位，舟山千年马岙旅游开发有限公司获得首批 200 万元贷款支持（图 5-5-9、图 5-5-10）。

03 优化建议

完善绿色贷款评估机制：在"双碳"目标的要求下，对于绿色贷款资助的项目，在定量评估低碳效益的基础上，定期进行绩效评估。在乡村中用好绿色金融，使得乡村产业向绿色化的方向发展。

图 5-5-9　产品发布会

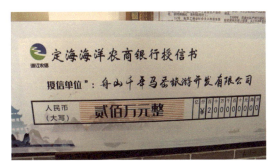

图 5-5-10　首批生态贷授信书

5.5.2 开展低碳教育

案例 4-5：建设净零碳乡村实践和示范基地

位置：新建村	实施者：新建村村委、同济大学、定海区旅游开发公司
SDGs 相关性： SDG 14——确保包容和公平的优质教育，让全民终身享有学习机会	净零碳原则相关性： 原则 10——使村庄成为可持续发展的教育基地

01 设计理念

2021 年，位于干𬇙镇新建村的定海首个净零碳实践展厅正式对外开放，集中展示了定海区净零碳乡村建设的优秀案例，向来访的游客传递绿色低碳的理念（图 5-5-11、图 5-5-12）。

设计主要突出以下要点。

→ **体现低碳绿色的理念**。展厅通过应用绿植墙、树脂玻璃艺术装置等低碳技术，让观众真实感受到绿色低碳相关意象。

→ **体现定海乡村风貌特色**。通过展板墙面设计、木架顶面、村落小景等营造村落街道空间。通过渔网、乡村瓦片等当地的建筑材料在设计布景中的应用，体现定海区海洋渔业特色产业和乡村风貌，同时也体现了使用本地化材料的低碳建筑理念。

→ **植入互动体验技术**。通过声光电一体的触摸屏系统、海平面场景的互动模拟、村庄实物模型以及自行车骑行发电等多媒体技术，加强展厅与游客的互动，增强游客参与度。

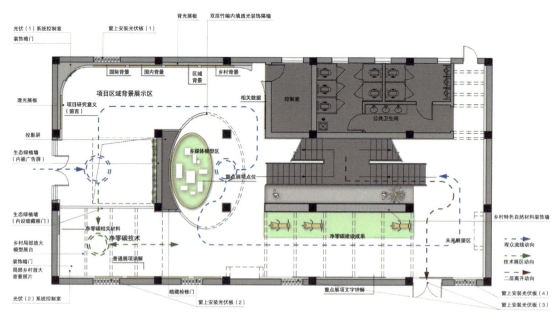

图 5-5-11 展厅平面图及动线

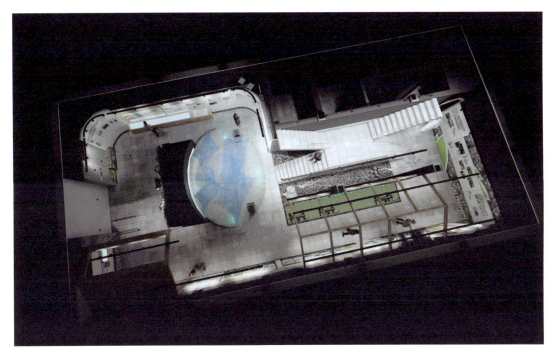

图 5-5-12　展厅设计效果图

02　低碳效益

整个展厅分为三个板块：净零碳乡村背景介绍、净零碳乡村行动路径、净零碳乡村实践案例。集中展现了定海区乡村的自然风貌以及定海区在净零碳乡村建设过程中取得的部分成果，具有很好的示范展示作用。

展厅还利用现代科技设置体验项目以增加互动性，采用 3D 立体的方式，集中展示定海在交通、文旅产业等方面的优秀环保做法。展区内还提供单车骑行体验，向游客传递绿色出行的理念（图 5-5-13 ~ 图 5-5-17）。

03　优化建议

◈ 持续更新展厅内容

随着定海区在净零碳乡村建设过程中的不断深入，净零碳实践展厅也需要继续收集净零碳乡村建设优秀案例及相关理念知识，并通过新建村南洞艺谷景区的辐射效应，把净零碳理念及定海的先进做法向外延伸推广，从而扩大影响力。

◈ 举办特色培训活动

围绕低碳乡村学习举办研讨会、互动工坊等活动，鼓励当地居民和游客参与其中。

图 5-5-13　展厅绿植墙

图 5-5-14 海平面上升互动屏

图 5-5-15 净零碳乡村实践案例展示

图 5-5-16 案例展示及低碳骑行体验

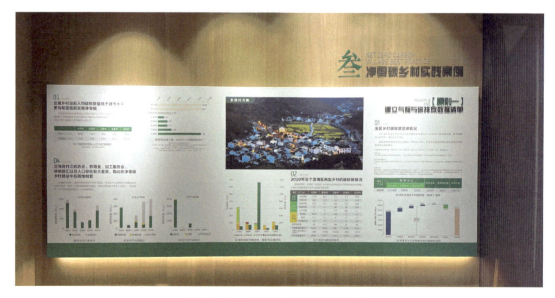

图 5-5-17 定海区乡村碳排放清单展示

案例 4-6：组织政府工作人员的低碳理念普及教育

位置：定海区各级政府	实施者：定海区农业农村局、定海区盐仓街道

SDGs 相关性：
SDG 4——优质教育；
SDG 16——创建和平、包容的社会以促进可持续发展，让所有人都能诉诸司法，在各级建立有效、负责和包容的机构

净零碳原则相关性：
原则 10——使村庄成为可持续发展的教育基地

图 5-5-18　培训照片

01　设计理念

为了更好地落实净零碳乡村的建设工作，作为管理部门和净零碳乡村的落实者，定海区农业农村局和盐仓街道邀请同济大学研究团队，对政府工作人员进行培训，更加系统地学习净零碳的理念和实践经验。

02　低碳效益

盐仓街道邀请同济大学教授专题讲解授课"碳达峰""碳中和""碳源""碳汇"等先进理念，从环境、能源、建筑、规划、绿化、农业等多个方面，强调政府的引导和示范作用，推动因地制宜、实事求是地推动"碳达峰、碳中和"目标的实现。全体机关干部和村社"两委"成员共计 150 余人参加了培训（图 5-5-18）。

03　优化建议

继续扩大参与低碳理念学习和普及教育的人群，包含更基层的乡村管理人员以及儿童、教师等，使得乡村管理人员在乡村建设和管理中可以把净零碳的理念落实到位。同时，强调低碳可持续发展的理念需要从儿童开始学习。

第 6 章
经验总结：
如何借鉴定海实践

©定海区区政府

由于独特的生态系统、环境容量、生物多样性和资源依赖性等特点，海岛地区一直是联合国关注的重点。海岛乡村如何从资源匮乏和落后的状态中突围，利用城乡关系重新布局高附加值、低资源依赖、低排放的产业结构，并在碳中和浪潮中开展积极行动，是值得探讨和尝试的重要议题。

定海区的乡村由于面临海岛地区能源、资源依赖性较强，气候韧性较差等自然条件的限制，因此仍然存在着经济发展水平相对落后、专业化人才不足，以及低碳理念尚未普及等问题。

在专业技术支持、多方合作的基础上，定海区已经在联合国净零碳乡村规划导则和中国乡村振兴方针的指导下，制定了具体的规划和行动计划，在能源与资源、产业振兴、低碳生活方式和乡村治理四个方面进行了有益和卓有成效的尝试，为同类型海岛地区的净零碳发展提供了可借鉴的经验。

→ 建立系统化的3S（Status-Strategies-Smart Actions）推进路径（图6-1）

定海区自上而下建立了一套净零碳目标下乡村振兴的推进路径：第一步是摸清乡村碳排放现状特征；第二步是针对乡村当地特点制定发展规划和实施方案；第三步是通过多方合作的方式，推动各类行动的落实。

图6-1 乡村振兴实践推进路径

→ 寻求专业技术支持，鼓励多方参与

"净零碳乡村"是在气候变化基础上提出的，定海区实现净零碳目标下的乡村振兴，充分体现了联合国SDGs目标和中国政府"两山理论"的要求。

定海区与联合国人居署等国际组织合作，促进国际、国内理念的融合（案例4-1）；引入第三方专业机构同济大学，鼓励企业等民间资本参与乡村建设，如鼓励民宿运营者（案例3-5、案例3-6）、银行金融机构（案例4-4）参与净零碳目标下的乡村振兴。

→ 因地制宜地制定方案，使乡村居民有获得感

因地制宜地选取试点使用适宜海岛地区的新能源（案例1-3）；通过智能微网提升海岛乡村能源系统的稳定性（案例1-1）；菜市场等公共建筑率先应用新能源技术（案例1-2）；通过精细化的管理降低建筑能耗（案例3-7）。

使用适宜海岛型乡村的淡水资源供给体系（案例1-4、案例1-5、案例1-6）和废弃物处理体系（案例1-7、案例1-8），可降低维护管理难度。充分考虑海岛地区气候风险，提升能源、资源供给设施设备的抗风险等级，提升海岛地区居民、企业的气候变化风险意识。

关注乡村产业的低碳发展,包含农业产业低碳化(案例2-1、案例2-2)、旅游产业低碳开发(案例2-6)等。以产业发展带动其他举措。结合当地渔业产业,发展具有当地特色的手工业(案例2-4);结合传统种植业,发展农业教育等第三产业(案例2-5),以及利用海岛乡村的优质自然资源,推动露营(案例2-7)、徒步等户外产业(案例2-8)的发展。

在发展旅游业的同时,推进旅游设施和村民服务设施共享,从而提升海岛地区居民的获得感。以净零碳为目标制定乡村规划,关注对乡村居民生活水平的改善(案例3-1);优化乡村的空间布局(案例3-2);打造低碳的交通体系,完善村内村外交通服务设施(案例2-9、案例3-3、案例3-4)。

⊙ **不断提升和改变各类人群的低碳发展意识和生活方式**

对各级政府工作人员展开全面的低碳发展理念培训(案例4-5、案例4-6);打造产业低碳管理平台(案例2-3),对从事乡村产业的企业、管理者提出相应的低碳管理要求。

通过举办乡村旅游活动(案例4-2)、设置具有教育意义的低碳点位(案例4-3),以及基础设施提升等方式,向村民、游客传递低碳生活理念。

在未来,定海区应定期评估10个方面46个指标的完成情况,适时调整推进策略。在城乡统筹发展的基础上,不断融入新的技术和理念,逐步实现净零碳、有活力、共振兴的海岛乡村。

参考文献

山潭村 © 定海区区政府

[1] United Nations.Transforming our world: the 2030 Agenda for Sustainable Development [R]. 2015. https: // sdgs. un. org/ 2030agenda.

[2] UN–Habitat. The New Urban Agenda [R]. 2020. https: //unhabitat.org/the–new–urban–agenda–illustrated.

[3] 净零排放 | 气候行动 | 联合国 [EB/OL]. [2023–08–21]. https: // www.un.org/zh/climatechange/net–zero–coalition.

[4] 碳中和认证 | The Carbon Trust [EB/OL]. [2023–08–21]. https: //www. carbontrust.com/zh/what–we–do/assurance–and–labelling/carbon–neutral–verification.

[5] 思力. 乡村振兴这么看④: 把握"二十个字"总要求 [EB/OL]. 求是网, (2019–06–06) [2023–08–21]. http: //www. qstheory. cn/wp/2019–06/06/ c_1124588060.htm.

[6] Guo R, Zhao Y, Shi Y, et al. Low carbon development and local sustainability from a carbon balance perspective [J/OL]. Resources, Conservation and Recycling, 2017, 122: 270–279. DOI: 10/gbgwsj.

[7] Ge J, Luo X, Lu J. Evaluation system and case study for carbon emission of villages in Yangtze River Delta region of China [J/OL]. Journal of Cleaner Production, 2017, 153: 220–229. DOI: 10.1016/j. jclepro. 2017. 03.144.

[8] 邬轶群，王竹，朱晓青，等. 低碳乡村的碳图谱建构与时空特征分析——以长三角地区为例 [J/ OL]. 南方建筑, 2022 (1): 98–105.

[9] 李王鸣，倪彬. 海岛型乡村人居环境低碳规划要素研究——以浙江省象山县石浦镇东门岛为例 [J/ OL]. 西部人居环境学刊, 2016, 31(03): 75–81.

[10] Du L, Li X, Zhao H, et al. System dynamic modeling of urban carbon emissions based on the regional National Economy and Social Development Plan: A case study of Shanghai city [J/OL]. Journal of Cleaner Production, 2018, 172: 1501–1513.

[11] 匡晓明，陈君. 基于要素管控思路的生态控制方法在控规中的应用研究——以上海市崇明县陈家镇国际实验生态社区为例 [J/OL]. 城市规划学刊, 2015 (4): 55–62.

[12] UN–Habitat. Net Zero Carbon Village Planning Guidelines for the Yangtze River Delta Region in China [R]. 2020 [2023–01–06]. https: //unhabitat.org/net–zero–carbon–village–planningguidelines–for–the–yangtze–river–delta–region–in–china.

[13] Abram N, Adler C, Bindoff N L, et al.Summary for policymakers. IPCC Special Report on the Ocean and Cryosphere in a Changing Climate [M]. Special Report on the Ocean and Cryosphere in a Changing Climate, 2019.

[14] 国家发展改革委应对气候变化司. 省级温室气体清单编制指南 [EB/OL]. 2011. http://www.ncsc.org.cn/SY/tjkhybg/202003/t20200319_769763. shtml.

[15] 浙江省生态环境厅. 浙江省温室气体清单编制指南（2020年修订版）.

[16] World Resource Institute. Global Protocol for Community–Scale Greenhouse Gas Emission Inventories: An Accounting and Reporting Standard for Cities [EB/OL]. 2014. https://ghgprotocol.org/sites/default/files/ghgp/standards/GHGP_GPC_0.pdf.

[17] 世界资源研究所. 城市温室气体核算工具2.0 [EB/OL]. 2020. https: // wri. org. cn/research/greenhouse–gas–accounting–tool–chinese–citiespilot–version–10.

[18] 舟山市定海区统计局. 2019年定海区统计年鉴 [EB/OL]. 2020. http: //www.dinghai.gov.cn/art/2021/4/25/art_1521947_58929933.html.

[19] 浙江省林业厅. 2020 年浙江省森林资源及其生态功能价值公告 [EB/OL]. 2021. http: //www.linan.gov.cn/art/2021/2/9/art_1367597_59037095.html.

[20] 袁源, 赵小风, 赵雲泰, 等. 国土空间规划体系下村庄规划编制的分级谋划与纵向传导研究 [J/ OL]. 城市规划学刊, 2020 (6): 43–48. DOI : 10.16361/j.upf.202006006.

[21] 张立, 李雯骐, 张尚武. 国土空间规划背景下建构乡村规划体系的思考——兼议村庄规划的管控约束与发展导向 [J/OL]. 城市规划学刊, 2021 (6): 70–77.

[22] Jon Creyts. 落基山研究所（RMI）. 零碳城市手册 [EB/OL]. 2018 [2023–08–18]. https: //rmi.org.cn/insights/%E9%9B%B6%E7%A2%B3%E5%9F%8E%E5%B8%82%E6%89%8B%E5%86%8C/.

[23] 北京清华同衡规划设计研究院有限公司. 面向碳中和的国际低碳技术发展研究报告 [EB/OL]. 2023 [2023–08–07]. https: //www.efchina.org/Reports–zh/report–lccp–20230725–zh–2.

[24] 叶祖达. 低碳绿色建筑——从政策到经济成本效益分析 [M]. 北京：中国建筑工业出版社, 2013.

[25] 舟山市市场监督管理局. 净零碳乡村建设规范：DB 3309/T 94—2023[S].

[26] 舟山市定海区统计局. 2020 年定海区统计年鉴 [EB/OL]. 2021. http://www.dinghai.gov.cn/art/2022/4/19/art_1521947_59081663.html.

[27] 舟山市自然资源和规划局. 浙江舟山群岛新区（城市）总体规划（2012—2030 年）. 2020. http://xxgk.zhoushan.gov.cn/art/2020/5/29/art_1229609476_3678509.html.

[28] 定海区人民政府. 定海区 2021 年 7 月份旅游接待与收入情况统计表 [EB/OL]. 2021 [2023–08–21]. http: //www.dinghai.gov.cn/art/2021/12/23/art_1229357167_3679015.html.

[29] 科技部等九部门关于印发《科技支撑碳达峰碳中和实施方案（2022—2030 年）》的通知 [EB/OL]. [2023–08–18]. https: //www.gov.cn/zhengce/zhengceku/2022/08/18/content_5705865.htm.

[30] 住房和城乡建设部标准定额司关于征求绿色建筑经济指标（征求意见稿）意见的函 [EB/OL]. [2023–08–09]. https: //www.mohurd.gov.cn/gongkai/zhengce/zhengcefilelib/201904/20190412_240182.html.

[31] 农业农村部办公厅 国家乡村振兴局综合司关于印发《农村有机废弃物资源化利用典型技术模式与案例》的通知 [EB/OL]. [2023–08–18]. https: //www.gov.cn/zhengce/zhengceku/2022–01–30/content_5671307.htm.

[32] 国家发展改革委. 国家重点节能低碳技术推广目录（2017 年本低碳部分）[EB/OL]. https://www.gov.cn/xinwen/2017–04–01/content_5182743.htm.

[33] 住房和城乡建设部. 近零能耗建筑技术标准：GB/T 51350—2019 [S]. 北京：中国建筑工业出版社, 2019.

[34] 王奕佳, 刘焱序, 宋爽, 等. 水—粮食—能源—生态系统关联研究进展 [J]. 地球科学进展, 2021, 36(7) : 684–693.

[35] 王信, 于涵, 施雨, 等. 基于多要素耦合的舟山农业空间低碳评估与规划 [J]. 同济大学学报（自然科学版）, 2022, 50 (2): 168–177.

[36] 生态环境部. 2019 年度减排项目中国区域电网基准线排放因子 [EB/OL]. (2020–12–29) [2023–08–21]. https: //www.mee.gov.cn/ywgz/ydqhbh/wsqtkz/202012/t20201229_815386.shtml.

[37] Rillig M C. Microplastic in terrestrial ecosystems and the soil [J]. Environmental Science & Technology, 2012, 46 (46): 6453–6454.

[38] Jambeck J R, Geyer R, Wilcox C, et al. Marine pollution. Plastic waste inputs from land into the ocean [J]. Science, 2015, 347 (6223): 768–771.

[39] Rillig M C. Microplastic in terrestrial ecosystems and the soil [J]. Environmental Science &

Technology, 2012, 46 (46): 6453-6454.

[40] Hannah Ritchie, Pablo Rosado, Max Roser. Food: greenhouse gas emissions across the supply chain [EB/OL]. Our World in Data, 2018 [2023-08-21]. https: //ourworldindata.org/grapher/food-emissions-supply-chain.

[41] 产品碳标签 [EB/OL]. (2020-01-19) [2023-08-30]. https://www.carbontrust.com/zh/what-we-do/assurance-and-labelling/product-carbon-footprint-label.

[42] Liu G, Agostinho F, Duan H, Song G, Wang X, Giannetti B F, Santagata R, Casazza M, Lega M. Environmental impacts characterization of packaging waste generated by urban food delivery services: A big-data analysis in Jing-Jin-Ji region (China) [J]. Waste Management, 2020, 117, 157-169.

致 谢

本书内容是同济大学和联合国人居署 2019 年合作出版的《Net Zero Carbon Village Planning Guidelines for the Yangtze River Delta Region in China》一书的后续研究，以及 4 年来在舟山市定海区的应用与实践的总结和提炼。本书得以出版，离不开联合国人居署的大力支持，在此表示感谢。

项目组向舟山市政府和定海区政府以及各部门工作人员表示衷心感谢，因为本书的调研、写作离不开他们的大力支持。特别感谢定海区农业农村局、定海区发展与改革局、舟山市生态环境局定海分局等部门，以及定海区盐仓街道、干览镇、马岙街道、小沙街道、白泉镇、环南街道、金塘镇、双桥街道、岑港街道、昌国街道等街镇工作人员。他们帮助我们快速了解当地乡村的基本情况、发放大量的调查问卷，完成前期的数据资料搜集工作，帮助我们发掘有价值的乡村案例，也为我们联系项目实施者，使得我们能够顺利开展调研访谈。

本书感谢定海旅游发展集团有限公司，以及秘境民宿、大乐之野民宿、新青农果蔬专业合作社、朔源蔬菜专业合作社、恰然生态农场、舟大农产品专业合作社、大满水产养殖场、旭旺水产养殖场、华晟牧场等定海的企业、乡村民宿和农场经营管理人员。他们是定海乡村振兴的亲历者，在调研中为我们提供了宝贵的经验和案例资料。

本书的顺利完成还得益于国家电网定海供电公司、定海旅游发展集团有限公司、舟山市自然资源和规划局定海分局、定海区区委宣传部、定海区融媒体中心、定海区区委政策研究室和定海区统计局，感谢他们在数据和图片资料搜集中给予我们的支持和帮助。

此外，还要感谢上海交通大学的朱德米、舟山市生态环境局的李盛盛、浙江大学的陈淑琴、中国计量大学的董文杰、中国渔业科学研究院的张海耿等专家学者为本书提供了宝贵的咨询建议。